シュガー社員が会社を溶かす

田北百樹子
（社会保険労務士）

はじめに

とある企業での、入社式での出来事です。

新入社員を集めてオリエンテーションが行われました。社長の挨拶にはじまり、会社の概要やヴィジョン、前年の業績などが披露されます。

私はこの入社式で、顧問の社会保険労務士という立場から新入社員の皆さんに、主に就職後の保険加入や就業規則の説明をするという役割を担っていました。真新しいスーツ姿のピカピカの新入社員を前に、社会人としてのマナーにはじまり、会社で加入する保険の内容、そして就業規則の説明をし、与えられた時間の一時間が経過しました。

そして最後に、「何か質問はありませんか」と会場を見渡すと、女性が一人、手を挙げています。彼女にマイクを回しました。

「私は、○○大学の法学部出身の者です。先ほど就業規則のお話が出ましたが、その就業規則を今日持って帰りたいのですが、コピーをもらえますか」

という、なんとも不思議な質問です。「就業規則は会社に備えつけてあり、社員の皆様はいつでも見ることが可能です。何のためにそうしたいのですか」と訊ねると、

「家でじっくり読みたいんですけど」

と多少ムッとした顔つきに。

「なぜですか？　就業規則は会社の規則が書かれている重要書類という位置づけです。ですから、社外への持ち出し禁止のものなのですよ」

「私の母が就業規則を見たいといっているのです」

「？」

首を傾げるしかありませんでした。

「私は法学部出身なので、法律には詳しいです。自分の会社の就業規則が法律に抵触していないかどうかを、母と相談しながら大学の教授にも見てもらいたいのです。いけませんか？」

これには驚いてしまいました。

自分の母親と大学の教授に、就職先の就業規則を見てもらう？　初耳です。「すみません、私も社会保険労務士として法に触れる就業規則は作成しておりません。ましてや就業規則には賃金規程や退職金規程など、絶対に外部に漏れてはいけない事柄がたくさん盛り込まれているのです。法学部出身というなら、社外秘書類の持つ意味くらいは、わかっていただけないでしょうか」という言葉が喉まで出かかりましたが、入社式という静粛な場所で事を荒げるのも大人気《おとなげ》ないと、やんわりとお断りしたのです。

しかし、そこから彼女の猛反撃が開始されました。「有給休暇はどれくらいまとめてとれるのか」「残業は自分の用事があれば断れるのか」「仕事中にケガをしたら会社はどれくらい補償してくれるのか」など、質問の内容は自分の権利のオンパレードです。

まるでそれは、「ねえ、私をどれくらい幸せにしてくれるの？　今すぐ答えて」と結婚前から婚約者に詰めよる娘さんのようです。このような女性をお嫁さんにしたら、夫となる人は大変だと思います。幸せになるのは夫の力だけではなく、夫婦の力ではないでしょうか。それなのに、「私はあなたの妻なのよ。だからあなたは私のためにこうするべき。当然でしょ？」と自分の権利ばかりを主張されれば、喧嘩の絶えない家庭になるかもしれません。そして離婚するときは身ぐるみはがされるかもしれません。

というわけで夫婦同様、このような社員を抱えると企業は大変だと思います。自分がうまくいかないのをすべて会社のせいにする可能性があるからです。そして、退職するときもトラブルを作る可能性が大きいでしょう。

「これは大変だ。入社初日からシュガー社員候補を見つけてしまったわ…」

心の中でそう呟きながら、彼女の質問に一つ一つ答えていきました。そして、その後一年も経たないうちに彼女はその会社を退職してしまったそうですが――。

私は現在、札幌市内で社会保険労務士の仕事をしています。

社会保険労務士とは、毎年一回、厚生労働大臣が実施する社会保険労務士試験に合格し、かつ二年以上の実務経験のある者で、全国社会保険労務士会連合会に備える社会保険労務士名簿に登録された者をいいます。

企業では人を採用すると、そのつど労災や雇用保険、社会保険などの保険に加入しなければなりません。今、何かと騒がれている社会保険庁の年金問題ですが、社会保険労務士は年金制度にも精通しています。社会保険事務所での対応や審査結果に納得のいかなかった方が社会保険労務士を頼り、相談に訪れることも少なくありません。テレビやマスコミにも年金のスペシャリストとして取り上げられています。ここ最近はその影響でグンと知名度があがってきたように思えますが、それでもどんな仕事をしているのかピンとこないという人は多いかもしれません。

というのもこの仕事は、個人のお客様ではなく各企業と顧問契約を結ぶケースが多いため、会社経営をしている方や、経理部門、人事部門でお仕事をされている方とやりとりをすることがほとんどだからです。会社の経営者にとって、先に挙げた手続きというのはかなり煩わしく、複雑でわかりづらいことばかりかと思います。それを外部の人間＝国家資格である社会保険労務士が代行するのです。また、就業規則の作成や従業員の入社、退職にまつわる保険の手続き、社会・労働保険料の算定や申告、労務相談や労災の申請、年金相談なども行います。

というわけで、社会保険労務士は企業労務のスペシャリストともいえる称号ですが、最近なぜか、そうした手続き業務よりもコンサルタント業務が増加しているのです。つまり、職場内でのトラブル相談です。

社会保険労務士に仕事を依頼する企業は、大まかに二種類に分類されます。

1　自分の会社では労務の専門家を採用できないので、保険手続きなどをお願いしたいとい

う企業

2　労務のことをできる社員はいるが、外部の専門家の意見を訊きながら労務管理を行っていきたいという企業

後者は、わざわざお金を払ってまで専門家の意見を訊きたいと考えている企業ですから、お話をしている中で経営者の「会社を良くしたい。大きくしたい。それぞれのセクションに関わる社員の皆さんに気持ちよく働いてもらいたい」という気持ちが、ひしひしと伝わってきます。

現在私は、五〇社ほどの顧問をしていますが、そうしたクライアントの皆さんからの労務相談として「こんな社員がいる。どう対処したらよいだろうか」と相談を受けるうちに、業種を問わずして「困った社員」といわれてしまう、自分本位で身勝手な社員像が浮かび上がってきました。

会社にさんざん迷惑をかけた挙句、嫌なことがあればすぐに退職し、退職間際もなんだかんだとゴネて自分の権利ばかりを主張する――どうもここ数年、このような社員に振り回される企業が後をたたないようなのです。

いいえ、企業が振り回されるといういい方は正しくないかもしれません。振り回されて実際に疲れ果てているのは、企業ではなく、最終的には個々の人間――その困った社員の上司

だったり、チームリーダーだったり、教育担当者だったり、経営者の方達です。そもそも社員教育のシステムが確立していない会社に問題があるのではないか、という意見ももちろんあるでしょう。

「昇進はもはや年功序列ではないのだから、人の和よりも自分の手柄だけを考えればいい」「一生この会社にいるわけではないのだから、骨を埋める覚悟など論外だ。会社に尽くすように働くのは意味がない」

現代の若手社員の多くには、そもそもそんな意識が基盤にあるわけですから、「上司についていこう」という動機が希薄化するのは当然です。むしろ、会社のためにときにはプライベートや健康を犠牲にしてまで一生懸命になれる上司の姿は、そうした世代にとってはちっとも「かっこいい」ものではなく、今どきの若者の言葉でいえば、「ありえない」となるのでしょう。

このように、会社員の在り方、考え方が若手社員を中心に急激に変わってきているにもかかわらず、社員教育が旧態依然であれば、そこに温度差が生じることは否めません。

しかし問題の本質はもっと根深いような気がしています。

というのも、若手社員の扱い方に本当に困って私のところに相談を持ちかけてくださる企業の方々の声を聞いていると、どうも「社員教育以前」の問題が多々あるような気がしてならないのです。

「上司というのは、こんなことまで部下に教えなくてはならないのですか？　これは親のしつけの問題だと思うのですけれど」

そんな溜息まじりの言葉を私は多くの方から聞きました。皆さん一様にこのような同じセリフをいうのが不思議なくらいです。

「人として、当たり前の振る舞い」。もしくは「社会人としてのマナー」「大人としての常識」というういい方もできるでしょう。そうしたものは、就業規則や社内規程で対応できるものでも、マニュアルで網羅できるものでもありません。その場の状況や立場を自分で判断して、今この瞬間、自分にはどんな振る舞いが求められているのか？　どうすれば他者に不快な思いをさせずに、スムーズに事を運べるか？　を瞬時に考えて行動するべきものだからです。

学業を終え、とうに成人を迎えた社会人に対し、あたかも学校の先生が生徒に教え諭すように叱責しなければならない。叱る側にとっても、これは相当なストレスと体力が要ることです。それでなくとも、日本人は「他人の子」を叱ることが不得意だといわれていますし、叱られる側も親以外に（もしくは親にさえも）叱られることにまったく慣れてはいません。ですから部下とはいえ、叱るときは当然、「他人の子」という遠慮も働きます。

それでも勇気を振り絞って部下を叱ってやれば、叱られた側は、「親にも叱られたことがないのに、なんで私がこんなことをいわれなければならないのか…」とヘソを曲げるばかりです。素直に反省をしてくれる場合は、相当ラッキーなケースだと思ったほうがいいでしょう。挙句の果てに辞めてしまうケースもしばしばあります。

それでも辞めてくれたのならばいいのではないか？　そういうヘソ曲がりな人間は結局、

将来的にも会社の役に立つ可能性は薄いのだから……と思われる読者の方もいるかもしれません。しかしながら、企業にとって人を採用するということは、とてもお金のかかるものなのです。求人広告の広告費にはじまり、面接、通知、採用、試用期間……そこにかける時間や費用は馬鹿にできません。

いってみれば、人を採用するということは企業にとって最もリスクの多い投資とも考えられるでしょう。そうやってお金と時間をかけて採用した社員に、「さあこれから会社のために頑張ってくださいね」という時にいなくなられては、企業の損失は計り知れないものがあります。

はじめに明言させていただきますが、私は決して、企業側を一方的に擁護しているつもりはありません。クライアントからトラブルの相談を受ける中で、「もう我々だけでは手に負えない。直接当事者の社員と話して欲しい」と疲れ果てた顔で担当者の方から懇願され、社員の方とお話しさせていただく機会があります。そうした場合、組織対一社員、つまり個人の争いですから、当然個人のほうが力は弱いわけで、そうしたパワーバランスも配慮した上で、公平な目線で対話に臨みます。

しかしそのほとんどのケースで――対話が終わった後に、私自身が途方に暮れてしまうのです。正直、話にならないのです。トラブルを巻き起こした当事者である20代～30代前半の男女共に、あまりにも自分に甘く、社会人としての適正に欠ける社員が多いことに気がつきました。終始一貫して自分本位であり、周りの状況が読めておらず、しかも、悪びれもしません。迷惑をかけているという実感すらなく、大人としての自覚に乏しい。そんな姿を見るとこの先、この人は誰かの役に立つときが来るのだろうかと気の毒にさえ思えてきます。しかし当人はといえば、そんな周囲の心配などどこ吹く風です。自分のためだけに仕事をし、そこが自分にとって心地よい環境でないと判断すれば、すぐに周囲を批判し、自分にとって心地よい環境を探すことだけを考えるのです。

さて突然ですが、読者の皆さんはコーヒーはブラック派ですか？　それともお砂糖を入れますか？　私の知人が、あるときこんな話をしてくれました。

「僕はコーヒーが大好きで、ウィークデーなら日に四杯ほどブラックで飲んでいました。しかし数年前に胃を壊してしまい、それからというもの、胃への刺激を軽減しようとコーヒー一杯に、一番細いスティックシュガーを一本入れて飲むようになりました。最初のうちは甘ったるくて、とても美味しいとは思えなかったのですが、いつしかそれを当たり前に感じるようになりました。ある日試しにブラックで飲んでみたら、以前よりも苦く感じて仕方がないのです。

そのうち、今度は胆嚢《たんのう》の病気にかかってしまい、禁酒をすることにしました。禁酒をすると、それまでお酒から摂《と》っていた糖分がなくなるわけですから、身体が日中に甘いものを欲求してくるのです。それで、今度はスティックシュガーを二本ずつコーヒーに溶かすようになりました。最近、胆嚢の数値が回復してきてお酒も解禁にしたので、コーヒーのスティックシュガーを一本に戻そうと思っているのですが、なんと私の味覚は今、一本だけだと苦いと感じてしまうのです。甘いものに慣れてしまうとはこういうことなのですね」

このお話を聞いてから、私はいつしか前述のような若手社員のことを〈シュガー社員〉と名付けていました。

これから三十歳になろうというのに、もしくはすでに三十歳を超えたというのに、まだまだ未成年のように甘く、主義主張だけを覚えてさらに自分を甘やかす。その姿はまるで、自分自身にどんどんお砂糖を増やしていっているかのように思えたのです。甘いと感じるセンサーは麻痺していくので、自分がどれくらい甘いかという自覚もありません。

もちろん、この世代の誰もが〈シュガー社員〉であるというわけではありませんし、〈シュガー社員〉的な存在は、昔からいたことでしょう。しかし、世代が若くなるにつれ確実に〈シュガー社員〉発生率は増えているような気がしてならないのです。

そうした経験から私は、あまりにも常識のない若手社員の言動を少しでも自覚してもらえたらと、「実践マナー講座ＤＶＤ」というものを制作したこともありました。これには驚くほど反応がありました。しかし、反応したのは、非〈シュガー社員〉達なのです。当の〈シュガー社員〉達からは、「自分とは関係のないことなので、特に感想もないです」というような、寂しい意見が多かったのです。これには、わざわざＤＶＤの視聴会を開いた各企業の上層部もがっかりだったようです。一番伝えたかった人間には届かなかったわけですから。〈シュガー社員〉は、自分を客観的に見る能力をあまり養っておらず、遠回しに自分のことを注意されても、気がつかないことが多いようです。ということは、いくら上司が愛情を持って叱責をしたところでまさに蛙の面に水でしょう。人を育てるということは企業活動の一環ではありますが、残念ながら、〈シュガー社員〉を「一人前に育てよう」とすることは、会社の資金と時間が膨大に費やされる覚悟が必要です。

会社は、学校ではありません。ましてや家庭でもありません。もちろんチームワークは必要です。家族的なぬくもりや絆も、時と場合によって大切です。しかし、「人と人との絆を築きながら、社会人としての自覚を持って会社のために業務を進める」という会社員としての、いえ、大人としての前提すら〈シュガー社員〉は持っていません。そんな状況を、一社会保険労務士としてほうってはおけずこの本を執筆するに至りました。

本書では、〈シュガー社員〉の実態を具体的にご紹介し、その対処法を考えていきます。また、「もしかすると、私は今まで〈シュガー社員〉的存在だったのかもしれない」と、若手社員であられる読者が自分を省みるきっかけとなってくだされば、これ以上嬉しいことはありません。

シュガー社員が会社を溶かす

目次

タイプ別〈シュガー社員〉とその対処法

親にだって
そんなに言われたこと
ないのに〜!
そ、・・・そうなの・・・・・・?

〈シュガー社員〉が生まれた背景とは？

「はじめに」でも述べましたように、自分に甘く自立心に乏しい社会人のことを、一年ほど前からでしょうか、私は〈シュガー社員〉と呼んでいます。企業にとって「迷惑社員」という存在は、もちろん今にはじまったことではありません。「迷惑社員」とはその名の通り、社内において、職務放棄や法令違反を行うようなはっきりとした×印はつけられないものの、何かと迷惑をかけ続けている存在のことです。大まかにいえば、その「迷惑社員」の中で頭一つ抜きん出ている若手社員が〈シュガー社員〉という存在です。

後からご紹介するように、〈シュガー社員〉は何パターンかに分類されますが、そこで共通している特徴をいうならば、

「仕事ができずに甘ったれで、周囲に迷惑をかけてもまったくそのことに気づかず、常に自分本位に物事を考えている」

ということになります。

また、〈シュガー社員〉を語るときに無視できないのが、彼らの親です。

彼らの親は、一様に過保護のように思えます。親離れどころか、未だへその緒が繋がっているのではないかと思えることもあります。我が子が残業をして帰りが遅ければ、「ウチの子になぜ残業させるのだ」と会社にクレームを付けたり、何度も転職を繰り返す子の生活費

の援助を買って出る、などというのも昨今では珍しくありません。

一昔前ならば、就職をしたら親元から独立して給料の中から親に仕送りをするという若者は珍しくありませんでした。しかし、今は逆です。「少ない給料で一人暮らしをしているなんて、さぞ不自由なことだろう」と、社会に出て何年も経っている息子や娘に、毎月仕送りを続ける親が珍しくないのです。確かに都市部でのアパートやマンションの賃貸料は高く、よほどの高収入でないかぎり20代の一人暮らしは楽ではないでしょう。そこで仕送りを続けてくれる親に対し、「申し訳ないから早く一人前になって恩返しをしなければ」と思うようであれば、〈シュガー社員〉になる可能性は低いといえます。

〈シュガー社員〉は、詫びる気持ちや感謝の気持ちよりも、自分の気持ちよさが一番大切なのです。そのためなら人からどう思われようと自分の目的を達成させます。会社の繁忙期に「自分の権利だから」と有給休暇を取得したり、上司に注意されれば、「あんな会社はもう嫌だ」といって引継ぎもせずに突然退職したりと、数え上げれば次々と、周囲に迷惑をかけ流す〈シュガー社員〉の姿が浮かび上がってきます。

なぜ〈シュガー社員〉が全国的に急増しているのでしょうか。ここでは考えられる背景を挙げていきます。

シュガー社員の家庭環境

〈シュガー社員〉の親の多くは、昭和30年代に生まれた世代です。高度経済成長を支えてきた団塊世代の少し下の世代にあたります。この世代は核家族、少子化時代の初代ともいえるでしょう。この時代のちょうど真ん中、昭和35年（1960年）という年は、安保闘争が激化したことが印象的ですが、一方この年の流行語には、「ベッドタウン」（都市部の周辺にできた新しい住宅地域を指す和製英語）と、「家付き、カー付き、ババア抜き」（未婚の女性が、結婚相手の男性に求める条件を表した言葉。ババアとはこの場合姑のことで、三世帯同居が当たり前だった時代からの変革を表している）というものがあるのです。

兄弟が少ないため家庭内での競争も少なく、世帯収入も増加の一方で、欲しいものは比較的簡単に手に入りました。日本がどんどん好景気になっていくのを目の当たりにし、社会に出る頃にはちょうどバブル景気の全盛で、空前の売り手市場。その恩恵を、一番に甘受してきた世代でもあるでしょう。

そんな好景気の波に押されながら女性の職場進出もささやかれはじめ、1985年には、男女雇用機会均等法が成立し、「これからは女性の時代」というキャッチコピーが世間に溢れました。しかし現実には、男性と肩を並べて働ける環境など、女性にとっては夢のまた夢だったのです。しかも、ようやく時代の幕が開いたばかりですから、その夢が本当に幸せかどうかは誰も実証してはいません。結局のところ、「女性は結婚したら家庭に入り、マイホームを守りつつ、子供を育て、夫を助けることが一番の幸福」という考えが「働く女性の時代」というキャッチコピーに負けることはありませんでした。

というわけでこの世代の女性の多くは、新しい時代の到来を肌で感じ、仕事の面白さややりがいに後ろ髪をひかれながらも、出産を機に第一線から退いたと思われます（退かざるをえなかったという人のほうが圧倒的だと思われますが）。そうして家庭に入った女性は、子供に自分の夢を託します。自分ができなかった習い事をさせ、自分が行けなかった学校に入学させる。そこまでお金と愛情を込めて育てたのですから、娘や息子は自分の手がけた〈作品〉でもあるわけです。だからこそ、「ウチの子は将来、何か大きなことをやってくれる子」という幻想も膨らんでいきます。我が子が学校でいじめられているという噂を聞けば、血相を変えて担任の先生に怒鳴り込みます。子供が何か悪さをしたと呼び出されたのなら「ウチの子がそんなことをするわけがない。同じクラスの○○ちゃんに無理矢理させられたに違いない」「○○ちゃんと遊んだから自分の子供が悪くなった」と、我が子の性格を客観的に見ることができず、人のせいにしてしまうのもこの世代の親の特徴です。

たとえそのステージが、「学校」から「会社」になっても、こうした親の立ち位置はなんら変わりません。会社でコキ使われていないか、いじめられていないかをとても気にします。特に、上場企業に勤務した経験のある親は、我が子の口から溜息と共に語られる中小企業の労務管理や体質を受け入れることができずに、

「ウチの子の才能を開花させる力もないくせに、毎日残業を強いるなんて」

「ウチの子は一流大学を卒業したんだ。あんな中小企業でくすぶっている子ではない」

「30歳にもなってウチの子が結婚できないのは、会社がいけないのではないか」

と、過大評価する傾向にあるのです。過大評価を受けて育った子供は、外の世界でよほど痛い目に合わないかぎり自分のことを過大評価したまま大人になるのは当然の帰結でしょう。本当に特別な才能溢れる存在ならばいいのですが、自称・特別な存在が、一般社会に入ったときにとても迷惑な存在になってしまうことは多々あるのです。


たとえば会社の面接のときに、「御社は私をどのように育ててくれるのですか?」と、真顔でビックリするような事をいい出すのが顕著な例ではないでしょうか。

「自分は優秀だ」「自分は人と違う何かを持っている」。そう信じるのは悪いことではありません。こうした自信を持っている人は、学校の成績も優秀だった人が多いのが事実。勉強に真面目に取り組み、学習塾や習い事にも通い、これといった欠点もなく、いじめられた経験もない人が多いようです。彼らがそのまま大人になり、社会という大海に出て現実に直面したときにようやく、世の中には自分より優秀な人間がいっぱいいることに気がつくのです。そして、人とは違う特別な存在であるはずの自分に、明確な人生の目標がなかったことにも気づかされます。これは、親が教えてくれなかった現実です。「自分はそれほどでもない」と嫌でも思い知らされるときが、必ず訪れます。

そのときに、親の甘い言葉を一身に受けて自己を過大評価しながら成長してきた人ほど、現実と直面することに耐えられず、逃避を繰り返すのではないでしょうか。

ナンバーワンよりオンリーワン

〈シュガー社員〉世代は、文部省が推進した「ゆとり教育」世代とも重なっています。「ゆとり教育」とは、それまでの偏差値教育一辺倒の教育方針の反省をふまえ、「個性を育てる」ことを重視した指導法です。しかし、本当に学校は「個性を育てる」ことに成功したのかどうかには疑問が残ります。というのも、〈シュガー社員〉の言動を聞いていると、「自分らしくありたい」という言葉のその先は、「自分さえよければいい」という考えに繋がっているからです。

「自分らしくいこう」とか「ナンバーワンよりオンリーワン」というフレーズは〈シュガー社員〉の琴線に大きく触れるようなのです。

〈シュガー社員〉世代は、「私らしさって何だろう?」と、あれこれ思いをめぐらすことが大好きです。私らしさを見つけるためならば、親にお金を援助してもらいながらの語学留学や、どんなにお金のかかる習い事もやってみたいと思っています。それが将来の収入に繋がるかどうかは、二の次です。経験をどう生かすかではなく、「人と違う経験をしている自分」になることが第一の目的なのですから。そして、自己投資をするにはわざわざ一人暮らしをしてカツカツの生活をするよりも、親と一緒に住み、上げ膳据え膳の生活が理想的です。家ではどんなに勝手気ままに振る舞っても、叱る人はいません。そうやって、好きなことだけをやっているときが一番イキイキしている、と狭いフィールドで結果を出します。ですから、規則やしがらみが大の苦手なのです。

世の中のルールが自分らしさを奪っている、と本気で思っているところに、「ナンバーワンよりオンリーワン」という言葉の功罪を感じます。それほど「特別な自分」と思うのなら、企業に勤務せず独立して自分の思うように働けばいいのに、そこまでの度胸はありません。〈シュガー社員〉の中でもこの言葉が大好きな人は、会社を退職する際、後ろ足で砂をかけるような辞め方をしてひんしゅくを買う人が多いのです。

ネット世代のコミュニケーション不足

今まであくせくと図書館に通ったり、人に聞いたりして調べものをしていた時代はなんだったのだろうと思うほど、「何かを調べる」というときにインターネットは欠かせない存在となりました。それぞれのテーマによって、コミュニティがあり、オークションがあり、ブログがあり、同じ趣味を持つ人同士が情報を交換し合い、見知らぬ者同士での交流も生まれています。その規模が町内会レベルではなく、日本全国、世界各国と繋がっているわけですから、夜な夜なネットにはまり込む若者が増えていくのも納得ではあります。

この〈シュガー社員〉という言葉が2007年の春に、初めて全国紙に紹介されたときも、その翌日、試しにグーグルで検索をかけてみたらたくさんのブログがヒットし、「私の会社にもシュガー社員がいる！」というような内容の文章をたくさん見かけることができました（それ自体は大変嬉しい経験でしたが、こんなにも急速に広がるものだとは……とちょっと戸惑ってしまったのも事実です）。

ネットの世界では、顔を合わせずに、人とコミュニケーションを取ることができます。そこで本来の自分とはまったく違うキャラクターになることも可能です。相手もまた、本当はどのような人物かはわからないのです。もうすぐ日本でも『セカンドライフ』というオンライン3Dの仮想世界が本格的に動き出すようで、心待ちにしている若者も多いようです。確実に、新しいコミュニケーション方法が若者を中心に浸透していますが、ここに大きな落とし穴が待っています。それは、「嫌になったらすぐおしまいにできる」という感覚です。

ネットで知り合い、互いに興味深い情報を交換し合う。最初から共通のテーマを前提に接触していることが多いので、知り合った頃はとても話が合うはずです。しかし、生身の人間同士が接触しているわけではないので、どこかぎこちなさが見え隠れしてくるものです。

顔と顔を合わせての「会話」ならばなんでもないことが「文章」というものになると、相手次第で自分の思いとは違う方向に受け取られてしまうこともしばしばあります。特に携帯メールなどは、文字量にも制限があるのです。そんなちょっとしたトラブルがあった場合、現実界では直接会って相手を説得したり、誤解を解いたりと様々な努力をするわけですが、ネット世界ではそこで「おしまい」にすることができます。おしまいにしたところで所詮は自分の素性を明らかにしていないので、たいして傷つくことも、リスクもありません。

しかし、最近私が気になるのは、ネット世界が現実の常識を変えはじめているということです。「長年付き合った恋人と、携帯メールでお別れした」という話は、もう珍しくもなくなりました。きっとそう遠くない未来、「長年勤めていた会社に、携帯メールで退職を伝えた」という話が当たり前になるでしょう。そして、そんな退職の仕方を率先するのが、〈シュガー社員〉なのではという不安に駆られます。

「人間同士の面倒くさいシガラミなどすぐにリセットして、また明日から違う人生を送ればいい」

対クライアント、対上司、対同僚、対業務提携先、対下請け会社……仕事とは、そこに関わる人間同士の価値観の違いから、様々な衝突が起こるのは当たり前のことです。

しかし、すぐにリセットできるような、甘く楽チンな世界でばかりコミュニケーションを取っていると、いざトラブルに直面したときにどう対処すればいいのかわからなくなってきます。気に食わなければ、すぐにシャットアウトできるヴァーチャルな世界。そこに自分の中心を置けば、誰しもが小さな王国で王様、女王様になれるわけです。その世界と現実世界の境界線があいまいな〈シュガー社員〉は、仕事場においても、「あの人は苦手なので一緒に仕事したくありません」と平気で口にしたり、「私のことをわかる人だけわかってくれればいいのよ」と、人から理解を得るために自分が努力をするという姿勢を完全に失っています。だから、どんなトラブルも、「すみませんでした」とメールで送信した時点で解決したつもりでいます。「媚《こ》びない私が好き」という自分へのキャッチフレーズは、会社の中では、ただの自己陶酔です。周りからは、「協調性のないわがままな人」というレッテルを貼られ、それが許せず、ますますネットの世界に溺れて社会に背を向けた人が誕生するきっかけにもなっているのです。

昨今問題となっている、「ゲーム脳」と呼ばれる現象にも、同じことがいえるのではないかと思います。問題意識がない。指示を待っているだけ。計画性がない。以上がゲーム脳の特徴といわれています。まさしく〈シュガー社員〉と同じです。携帯を手放すことができず、メールやゲーム等で携帯依存症になっているのも、ゲーム脳と無関係とはいえないでしょう。勤務中、携帯に入ってきたメールに急に表情を変えて、携帯片手にこそこそと席を外す人を見たことはありませんか？　周囲を振り回している〈シュガー社員〉自身が、実は携帯に振り回されているのかもしれません。

求人広告のキャッチコピー

今まで、多くの日本の企業は「終身雇用制度」が当たり前でした。それは、戦後からバブル崩壊まで、日本の景気が確実に右肩上がりだったことと大きく関係しています。

終身雇用制度は、入社してから定年まできっちりと一つの会社でお勤めをし、勤務年数と共に昇給・昇格が約束され、家族手当ももちろん完備、定年後は退職金や企業年金で悠々自適の生活が送れるという、今になって思えば夢のような制度です。ただし、新卒直後の給与は現代と比較すると安く、そのわりにハードワークだったようです。それでも退職金や企業年金等で一生が保障され、出世に関しても、「次は俺の番だ」とおおよその見当が付く。各々の能力が給与に反映されるわけではなく、あくまでも「年齢」「学歴」「入社順」で給与が決まるため、生活設計が立てやすかったのです。生涯の生活設計が立てやすい労務管理は、働く者にとって、企業への帰属意識と忠誠心が起きるものです。

違う方向からいえば、かつて会社というところは、勤務し続けてさえいれば、能力がそれほど高くなくても生活だけは保障してくれる安住の地だったのです。そのため、「働かない管理職」の出現が企業を悩ませていたこともありました。

ところが、バブル崩壊と共に終身雇用制度は崩れてしまいました。企業に余裕があり、業績が上向きのときは、毎年皆同じに昇給して、賞与も同じ率で支給することができたのですが、それが困難になり、生き残りをかけて打って出た手段が、欧米のシステムを見習った「能力主義」「成果主義」でした。あくまでも社員の業績に応じて昇給や賞与を決める、こうした主義の人事制度が現在は主流になりつつあります。

これは、若手社員にとっては大きなチャンスともいえます。今まではどんなに頑張っても、自分の上にいる人が定年か転勤でもしなければ椅子が回って来なかったのが、成果が認められればドーンと出世することも可能になったわけですから、自ずとやりがいが出てくるので

●転職情報誌　募集広告のキャッチコピーの変遷●

1980年代「安定した企業、優れた環境」（80年・とらばーゆ）
「パワフルな会社で自分も成長！」（84年・とらばーゆ）
「この安定性と将来性はあなたをひと回り大きくします」（84年・とらばーゆ）
「努力次第、学閥、派閥なく風通しのよい企業」（88年・B-ing）
「あなたの技術で高収入にチャレンジ」（88年・B-ing）

1990年代「お給料もお休みも、いっぺんに増えた」（90年・とらばーゆ）
「楽しみながら仕事してキャリアもしっかり身につける」（90年・とらばーゆ）
「あなたが主役」（90年・B-ing）
「ゆとりと収入 ワンランクアップ」（93年・B-ing）
「自己実現のために会社を選ぶ皆さんへ」（95年・B-ing）
「20代のうちに社長になってみないかい」（97年・B-ing）
「女だからといって自分に甘えない私になる」（97年・とらばーゆ）
「両手いっぱいの夢とやりがいをつかみましょ」（99年・とらばーゆ）

2000年代「がんばりすぎない私が、好き」（04年・とらばーゆ）
「ルールは『自分』」（04年・とらばーゆ）
「『会社のために』は卒業して『自分のために』始めませんか」（06年・B-ing）
「社長の私が、営業のあなたについていく」（07年・B-ing）
「Gパンの人　パーマの人　金髪の人　ピアスの人　ヒゲの人　みんな、営業やってます」（07年・とらばーゆ）
「朝から晩まで大声出して売上目標ペタペタ貼って円陣組んで…拍手して…全部やりません！やらせません！宣言」（07年・B-ing）

す。これに伴い、求人雑誌のキャッチコピーも年々変化を遂げてきています。

前ページをご覧になってください。どうでしょう?

80年代は、「安定」「楽々」というキーワードが主流だったのが、90年代には、「やりがい」「自分らしさ」「可能性」というように「あなたの能力を引き出す企業がこんなにありますよ」という主旨のキャッチコピーで転職希望者をひきつけるようになります。

それが昨今では、求人広告なのに、仕事のことは二の次。「あなたのわがままを、我が社はここまで受け入れてあげますよ。あなたは何も変わらなくても、無理しなくてもいいですよ」というメッセージが伝わってきませんか?

こんなことを書かれたら、先にも述べた、「御社は私をどのように育ててくれるのですか」と面接で発言する人が出てきても、仕方がないような気がします。転職雑誌をめくれば、まるで夢の国にでも誘うかのような魅力的な言葉が羅列しています。自分を持っていない〈シュガー社員〉は、このキャッチコピーを額面通りに受け取りますし、いささか刺激が強すぎるようです。

会社を渡り歩く=キャリアアップできる。

いろんな仕事を経験する=自分の可能性が広がる。

本当にこれは、イコールで繋がることなのでしょうか? 一部の人には有効でも、世間の厳しさを知らない、でもそんなの関係ねえ〈シュガー社員〉には当てはまらない言葉です。時代の流れなのか、求人誌が時代を作っているのかは不明ですが、〈シュガー社員〉にとって転職とは、嫌なものからの逃避という意味合いが大きいと思われます。そんな動機からの転職は、よほど運が良くないかぎり間違いなくキャリアダウンです。しかも逃避からの転職はクセになります。30歳になる前に三度以上の転職歴がある人は採用しない企業もあるようです。専門職ならともかく、一般職において20代のうちに三度も転職をしておきながら、「得意分野は特にありませんが、何でも一生懸命やります」と面接で発言するような人も、〈シュガー社員〉である可能性が大きいでしょう。

以上が私の考える〈シュガー社員〉が発生した背景です。

こうして挙げてみると、〈シュガー社員〉とは、「好景気を甘受してきた親」「偏差値重視の末に迷走した学校教育」「ITによるコミュニケーション不全」「能力主義に伴う転職志向」、この四つが奇妙に合致した結果、皮肉にも生み出された不可思議な存在のようにも見えてきます。

しかし、その存在に大きなリスクを負うのは親でも学校でもなく、企業なのです。

もしかすると、彼ら自身に責任があるわけではないのかもしれません。その先の言及は社会学者や教育者の方々にお任せするとして、私は社会保険労務士として次章より、〈シュガー社員〉のモデルケースを掲載しながらその対処法を考えていくこととします。

タイプ別〈シュガー社員〉とその対処法

あなたの
会社にいるのは
どのタイプ？

【お断り】次頁より掲載される【事例】は、著者が様々な顧問先から伺ったお話をモデルとしてまとめたものです。個人名や固有名詞はすべて仮名とし、個人を特定できないようにしてあります。ご了承ください。

タイプⅠ　ヘリ親依存型シュガー社員

事例1

「親にだって叱られたことがないのに！」

A子退職の日——
出社したのは本人ではなく親でした。
そ、それはどうも
あの、コレ…
文明堂
しかしカステラの紙袋に入っていたのは……
A子の制服。クリーニング㊒
ムスメが一番♪
会社なんてどうでもイイ～

ＯＡ機器販売店に一般事務で就職した岩下真美は、主に商品の受発注業務に携わっていました。試用期間も無事終わり、入社後半年経った今は、顧客から商品の発注を受けて各メーカーに在庫を確認したり、顧客に納期を連絡したり、担当の営業に見積りを依頼するのが主な仕事でした。

最初のうちこそハキハキと新人らしい、明るく元気な対応をして周囲も微笑ましく思っていましたが、半年も経つとそうした初々しさは見当たらなくなり、与えられた仕事を日々面白くなさそうにこなしているだけという印象を、営業部の黒木をはじめ社内の誰もが持つようになりました。「たった半年なのに、岩下君にはもう目の輝きがなくなったよね、まあ、今の若い娘さんはあんなもんかね」と専務がささやきます。

そんなある日、事件は起きました。会社一番の大口顧客を、真美が怒らせてしまったのです。慌てて黒木が電話を代わると、「納期の連絡がいつまでたってもこないし、こちらが何度催促しても、『メーカーの人がつかまらないのでわからない』の一点張りで、まるで他人事のような態度なんだよ。おたくの店とは長年の付き合いだというのに、どうしてあんないい加減な担当者をうちに付けるんだ！」と怒号が飛んできました。

クライアントからクレームが出たのは初めてのことではありましたが、今までも商品を調べるのにやたらと時間がかかったり、納期の連絡を怠ったりということが、真美には何度もありました。時間の使い方がうまくないのか、仕事がスムーズに運んでいない様子です。黒木は真美を会議室に呼び出すことにしました。

「どうしてこんなことになるまで放っておいたんだい?」と優しく聞き出しても、彼女は俯《うつむ》いたままです。

「あちらの言い分に文句はいえない。君は大切なお客さんを怒らせてしまったんだよ」と諭しても、真美からは謝罪の言葉一つ出てきません。次第に腹が立ってきた黒木は、「納期の連絡はまめにしなくてはならないと今まで何度もいってきただろう? それなのに、どうしてできないんだ?」と詰め寄りました。

真美は黒木を睨みつけるように目を見開き、悔しそうに下唇を噛んでいます。

「私は自分なりに一生懸命仕事しているんですけど」

「一生懸命じゃないとはいってないよ。ただ、入社からもう半年なんだから、そろそろ『わかりません』じゃ済まないだろう? もっと仕事全体の流れを読めるようにならないとこの仕事は務まらないぞ」

温厚な黒木には珍しく強い語気でした。その瞬間、真美の顔色がさっと変わり、急に涙目になったのです。ピリピリムードに、専務が「まあまあ、これもいい経験じゃないか。同じミスを次回にしなければいいんだよ」と止めに入り、その場は休戦状態に。その後、デスクに戻っても真美の顔色は青ざめたままでした。そして不意に、隣の席の同僚に向かってなのか、オフィスにいる全員に向かってなのか、

「親にも怒られたことないのにさ、なんでこんなことでお小言をいわれないといけないの！悪いのは私じゃなくてメーカーさんなのに」

と震える声で叫び、仕事途中のファイルを乱暴に机の引出しにしまったかと思うと、席から立ち上がり、そのまま誰にも何もいわず、会社を後にしました。

次の日から真美は出社しませんでした。昨日のことがあったのでそのままやり過ごしていましたが、その後三日経っても連絡がないのです。黒木もさすがに気まずくなりました。

総務部長に、真美の自宅へ連絡してもらえないかと相談をしていた矢先、「岩下さん」から電話が入ったのです。慌てて黒木が電話を代わりました。しかし、電話の声は真美ではなく、彼女の母親だったのです。

「娘がもう会社へは行きたくないと申していますので、このまま辞めさせてください」

「真美さんと直接お話がしたいのですが」

「本人が嫌だといっていますので」

にべもありません。仕方なく総務部長にバトンタッチしました。「では退職手続きを取ります。会社からお返しするもの、本人から返却してもらうものなどありますので、一度会社にいらしていただけないでしょうか。自己都合ですから、辞表も提出していただかないと」というと、「わかりました」と電話は切れました。

次の日、会社にやってきたのは真美の母親でした。

「これがお返しするものです」と制服や保険証を持ってきたのですが、クリーニングして返却するのが常識のはずの制服は無造作にたたまれ、シワのできている状態でした。母親は無言でロッカーの荷物を取り出し、帰り際、「ご迷惑おかけいたしました」や「お世話になりました」の一言もなく、淡々と会社を後にしました。

＊＊＊

　私はこの会社の総務部長さんから、真美さんの一件を聞きました。「ウチの黒木がね、まだこの件で落ち込んでいるんですよ。もう、若い子を叱るのが怖くなったっていうんです。自分が叱ったことで、会社に迷惑をかけてしまったと」。

　私は、「黒木さんにはまったく落ち度はないですよ。そういう方は、どんな叱り方をしたところで、いずれは同じ道をたどっていたと思います」としか申し上げられませんでした。

　試用期間も過ぎ、入社半年。仕事が遅い人間か早い人間かも、ようやく見えてくる頃です。しかし、どんなに仕事が遅い人間であっても、採用してしまったのだから一生懸命会社のために働いてもらわなければ……というところで、こんな辞め方をされてしまっては企業にとっては大損です。しかもこのケースでは、大切なクライアントの信頼も失ってしまいました。

　そんな子供をたしなめるのが、親のあるべき姿だと思うのですが、子供の言い分を鵜呑みにし、本人がやらなければならないことを母親が代行するという、体たらく。自分で蒔いた種だというのに、自分は蚊帳の外にいたいというわがままを、あっさりと親が引き受けてしまうのです。

社会に出れば、自分の思い通りにならないこと、嫌なことがたくさんあるのは当たり前です。そんなことをどうしたら少なくできるか、どうしたら良い方向に持っていけるのかを考えることも成長のひとつだと思うのですが、過保護な親の下では成長するどころか社会への適応能力さえも奪われてしまう――真美のようなタイプは、母親に砂糖漬けにされてしまった〈シュガー社員〉ではないでしょうか。

事例2

「なぜ娘に残業させるんだ！」

いわゆるお嬢様大学を卒業し、商社に勤務して二年目になる石川緑はコネ入社でした。緑の親は社会的地位も高く、その商社の上役とは遠い親戚関係です。緑は名の通った商社に勤務して、仕事をソコソコにこなしながら、将来有望な男性社員を見つけて結婚をすることが最大の目的だと、あっけらかんと同僚達に話すほどの腰かけモードでした。

ある日のこと、上司である岡本は珍しく緑に残業させました。緑は、「そのあとゴハンをおごってくれるんならいいですよう」と残業を引き受け、仕事の後、駅前の居酒屋で軽く食事をして、午後10時前には彼女を電車に乗せました。

事件が起きたのはその翌日です。朝一番で岡本に電話が入りました。電話口にいたのは緑の父親でした。

「なぜウチの娘を残業させるんだ。お宅の会社では5時になったら帰ってもいいんだろう！」

その威圧的な口調に、岡本は脅威を感じます。もちろん何もなかったとはいえ、二人で食事をしたという後ろめたさも少しはありました。しかし、おごってくれといったのは緑のほうじゃないか……。

「なるべく定時に帰っていただくようにしますが、忙しいときは残って仕事をしていただくことも年に何回かはあると思いますが」

「気をつけたまえ。嫁入り前の娘を深夜まで働かせ、酒まで飲ませるとは！　あなたの良識を疑うよ。もしも残業をさせるときは、かならず上司のあなたからウチに事前に連絡をよこしなさい」

と電話は切れました。

＊＊＊

岡本さんはその電話に驚き、「彼女には残業を頼まないほうがいいでしょうか」と私のところに相談にいらしたのです。

「緑さんの親御さんのような人を、ヘリ親と呼ぶのですよ」

私は彼にいいました。


ヘリ親とは、〈ヘリコプターペアレンツ〉の略語で、アメリカでは過保護な親をこう呼んでいます。子供の上空で、常にホバリング状態で待機をし、子供に何かあると、すーっと下に降りてくることが言葉の由来だそうです。

〈ヘリ親〉が上空でホバリングしているとは知らずに採用して、社員の背後から突如オフィスに着陸されたときにはもう手遅れなのです。我が子の就職の面接に同行したり、残業や人事異動に口を挟んでくるのが、わかりやすい〈ヘリ親〉の特徴。そのノリは、クラス替えのときに「なんで○○ちゃんとウチの子が同じクラスなの」と担任の先生にクレームをつける小学生の親となんら変わりはありません。もちろん、クレームをつけるすべての親が悪いといっているわけではありません。中には従業員を使い捨てにする企業も存在します。でも日本はきちんとした法治国家ですから、労働基準法があり、企業コンプライアンス（法令遵守）があり、そこで悪質な企業というのは自然淘汰されていくものです。

もしも、〈ヘリ親〉がへばりついている社員を真っ当に育てたいと思うのならば、「親御さんがついていないと何もできないような社員には、プロジェクトを任せられません」と、まずは〈ヘリ親〉に釘を刺してみるのも一手です。どんなに楽しいと思える仕事にも、厳しい側面は当然あります。途中で逃げることは許されません。しかし、〈ヘリ親〉がついている〈シュガー社員〉はいとも簡単に投げ出します。〈ヘリ親〉の「嫌なら辞めてもいいよ」という甘い言葉に溶けてしまうのです。

事例3

「俺がやりたかった仕事は、こんなんじゃないんですけど」

坂上昇は大学卒業後、市内の大手スーパーに勤務しました。その仕事を紹介したのは、地元の有力者で、昇の親と親しかった大野さんです。

スーパーでの仕事は多岐にわたります。食材の仕入れから陳列、在庫管理、イベント企画、タイムサービスの準備。昇は入社したての頃は、日々奔走していました。そのうち、忙し過ぎる作業で日常が過ぎていくことに、疑問を感じはじめたようです。

実は昇はスーパーではなく百貨店での勤務を希望していたのですが、就職試験ではことごとく惨敗。そこで彼の親が、顔が広く面倒見の良い大野さんに就職先の紹介を頼んだのでした。しかし入社10カ月を過ぎた頃から、「俺がやりたかった仕事は、こんなんじゃないんですけど」が口癖となり、人づてにそんな彼の様子が大野さんの耳にも入ってきました。

ある日、昇はミスをして店長に注意されたのですが、「周りのパートのおばさん達がもっと気が回る人達だったら防げたミスだった」と他人事のように言い訳をしたといいます。反省の色のない昇に店長は激昂したそうです。

そして二日後、昇から退職届が提出されました。退職の知らせを昇ではなくスーパーの店長から知らされた大野さん。本来ならば退職する前に、紹介した自分に一言あってもいいんじゃないか――どうも納得がいかず、大野さんから彼に電話をすると、こんな言葉が返ってきたのです。

「所詮俺の能力を生かしてくれる会社じゃなかったんです。俺はもっと小さくてもいいから、若手ベンチャー系の社長がバリバリやっているような、自分の可能性を試せるところがいいのですが……あ、大野さんは、札幌市内のスペースネットというIT会社の社長とツテはありませんか? 俺、あの社長のインタビュー記事を、求人雑誌で読んだんです。それで、すげえ感動したっていうか、俺と価値観がすげえ似てるよなあと思って。実は今、あの社長に、『俺をあんたの会社に入れてください』って手紙を書いているところなんですよ。超熱い手紙っすよ」

と悪びれもしなかったといいます。

「そこまで熱意があるのなら、人に頼らずに自分でぶつかってみなさいよ。あなたのお父さんはなんていっているんだい?」

「お前がそうしたいなら、そうしなさいって。あ、それから大野さんに謝っておけっていわれていたな。せっかく紹介してもらったのにどうもすいませんでした」

20代も半ばになろうとしている青年が、「親に謝れといわれたから謝ります」とは何事だ、と大野さんは呆れながら電話を切りました。

それから半年後のこと。昇の父親から、やや気まずそうな声で電話があったのです。

「うちの昇がですね、転職したいといっておりまして…大野さんがご存知のところを、よろしければまた紹介してもらえないかと…今度はどんなことがあっても頑張ると本人もいっておりますので」

大野さんは、苦笑するしかなかったといいます。その後、昇本人に退職の経緯を聞くと、彼の話はこうでした。

――求人雑誌を立ち読みして、若者の雇用について熱く語っていた若手社長にときめいた昇。彼の熱意は見事に受け入れられ、すぐに憧れの社長の会社で働くことができたそうです。昇は営業部に配属され、新しい携帯電話の売り込みが主な仕事でした。電話帳を開いては片っ端から企業に電話をかけ、反応があった企業に出向いて話をすすめるというものです。給与は歩合制で、一件成約するごとに手当が加算されます。自分と同じ年で年収が一千万円超の社員がいると聞き、やる気がわいた……のも一瞬のことでした。

毎日毎日、電話機の前に座り、とてつもない数の企業に売り込みの電話をかけては断られる。昇のイライラは日に日に募り、電話の前に座ると嫌な汗が体中から噴き出すようになるまで、そう長い時間はかかりませんでした。

そんなある日、昇は社長室に呼ばれました。

もしかして、一生懸命仕事をしている自分を激励してくれるのか、それとも違うポストへの誘いかも……そんな期待とは裏腹に、社長の口から出たのは、「これ以上会社の評判を落とすような真似をしたら辞めてもらうからな」という言葉でした。

実はその数日前、いつものように電話をガチャンと切られたことに腹を立て、もう一度その会社に電話をし、「人が話している途中で電話を切るとは何事だ！」と、電話営業にはあるまじき文句をいってしまったのです。もちろんその会社からはクレームが入り、それで社長に呼ばれたというわけです。

折しも、クレームのあったその日は会社の空調が壊れており、蒸し風呂状態の中での業務だったといいます。

「確かにアレは、ちょっとマズイ対応だったかもしれないけど、クーラーが壊れていたのが悪いんですよ。だからイライラしたんです。それくらいのことで社長がキレるなんて、ガッカリですよ」

憧れの社長から怒られたことへの気まずさからか、その翌週、昇はまたもや退職届を出したということでした。

＊＊＊

「太陽がまぶしかったから人を殺した」というカミュの名著はありますが、「クーラーが壊れていたから客に怒鳴った」というのは、もはや小説にもならないほど陳腐な話です。

大野さんは、「今の若い子は、皆さんああいうものなんでしょうかねえ」と遠い目をして話してくれました。その後も昇さんは、短い期間で就職、離職を繰り返し、未だに父親から大野さんのところに相談の電話がかかってくるといいます。

もちろん私は、「まともに相談を受ける必要はありませんよ。しかも、昇さんの親が彼の自立を妨げているのは明らかですね。巻き込まれないようにしないと」と大野さんに伝えました。

新卒の就職活動ならばいざ知らず、子供のわがままを通した転職活動に親が首を突っ込むなんて、良い結果が生まれるわけがありません。

「我が子のやりたいことが見つかるまで、親が援助する」良かれと思ってやっていることが、実は子供を〈シュガー社員〉にしているという典型的な一例です。

事例4

「資格を取るので帰ります」

大槻智美は大学卒業後、ベンチャー企業に就職しました。大手都市銀行を定年退職した父親・岩蔵と母親は、智美の就職を心から喜んでいました。というのも、自宅から通える距離に会社があったので、この先もしばらくは可愛い娘と一緒に生活できることが保障されたからです。ただ、岩蔵にしてみれば上場企業ではないベンチャー企業というのがちょっとひっかかりました。行員時代、ベンチャー企業に融資をするものの、回収にはほとほと苦労した経験があったからです。

一度、地元の新聞に、智美の会社が新卒を一〇〇人採用したということでその華々しい入社式の様子が大きく掲載されていたのですが、社長はまだ若く30代前半、入社式だというのにスーツも着ていません。それは、あのホリエモンの姿とだぶりました。「最近の若い経営者は何を考えているんだか」。娘の就職は、定年を迎えた父親にとって何よりも嬉しい話でしたが、できれば公務員になるか、自分と同じように銀行に就職して欲しかったというのが正直な気持ちでした。

智美の様子がおかしくなりはじめたのは入社後半年ほどしてからでした。帰るときにはいつも電話が入っていたのに、次第に電話をよこさなくなり、家に帰るのも岩蔵が布団に入ってからの深夜1時や2時といった有り様です。理由を尋ねようにも朝はバタバタと支度をしており、呼び止めると不機嫌そうな顔をするのでただ見守るしかありませんでした。

智美が休みの日、思い切って切り出しました。

「仕事、そんなに忙しいのか。身体を壊すような働き方をしたら、元も子もないぞ」

すると、娘からは予想外の言葉が、あっさりと返ってきたのです。

「私、会社辞めるかもしれない」

大手銀行に就職し定年まで脇目もふらずに勤め上げた岩蔵にとって、入社して一年も経たないうちに、我が娘が「会社を辞める」といい出すなんて一大事です。「どうしたんだ、一体何があったんだ!?」と、つい詰問口調になってしまい、気がつけば智美は目にじんわりと涙を溜めていました。

「どうもしないの。今月からお給料が下がって、急にやる気がなくなったの。それだけよ」

「なんで給料が下がるんだ？　社員全員が下がったのか？」

「ううん。私だけよ。私、仕事できないって上司からいわれて。プロジェクトチームのみんなに迷惑かけるから、他の部署に行けって」

「一体お前が何をしたっていうんだ！」

智美は、何があったのかは最後まで教えてくれませんでした。でも、毎日遅くまで働かせておきながら給与を下げるとはなんたることか。この子は決して仕事をサボるような娘ではない。子供時代だって、宿題を忘れたことなど一度もなかったのだ……釈然としない想いが頭をよぎります。

そうだ、経営者がスーツも着ないあんな若い野郎の会社だ。きっと理不尽な目に遭っているに違いない。我が娘の姿が、かつてテレビで見た、最後まで必死にホリエモンを庇っていた美人秘書の姿に重なってしまう岩蔵です。

翌朝、智美が出勤した後もその不安が頭から離れなくなって、岩蔵の太い指が智美の会社の電話番号を押してしまいます。

電話口に出たのは、智美の直属の上司でした。どうせコイツもジーンズ姿か何かで出社しているのだろう……最初は穏やかに話そうと思っていたのですが、つい己の行員時代のことが蘇ってきます。大勢の部下がいて、自分の一声で物事が決まっていたあの時代。つい、上からものをいってしまいます。

「私は大槻智美の父親です。実は最近娘の様子がおかしいので、何かあったのかと聞いてみたところ、給与が下がってしまったという話ですが、これは一体、どんな理由によるものなのかをお訊きしたい」

「実は智美さんには、新規プロジェクトチームの営業をやってもらっていたのですが、どうも営業には向かないようですので、降りていただいたのです。元々営業職で採用したのですが、営業ができないとなると他に適職がなく、今は書類整理の仕事をやってもらっています。そのため、今月より営業手当分をカットさせていただきましたが」

岩蔵はすかさず反論します。

「営業に向いていないとはどういうことだ？　あの子はまだ新人だぞ。たった半年で智美の何がわかるというんだい？　きちんと新人教育はしているのかね」

採用したからには、きちんと教育をして一人前にするのが企業の役目だろう。女性だから終身雇用とは関係ないと差別しているのか!?　やっぱりあの若い経営者は何もわかっていない。だんだん頭に血が上ってきます。

「おまけに、あんなに遅くまで仕事させて時間外手当はどうなっている？　付けていないいんじゃないのかい？　だとしたらおたくは労働基準法に違反しているということだ！　そんな自覚もないのだろう」

そこまで黙っていた智美の上司が、突然こう切り返してきました。

「失礼ですが、お嬢様からどこまで話を聞かれていますか」


電話を切った後、岩蔵の脇の下は汗で濡れていました。あんな電話をしてしまったことを、今さらながら後悔しています。先ほどの上司の声が何度もこだましています。

「時間外手当？　何か勘違いをなさっているのではないでしょうか？　智美さんは我々のチームがどんなに忙しくしていようが、定時に帰られていますよ。今まで一度も、何か手伝うことはありませんか、という言葉を彼女から聞いたことがありませんね。なぜ頑なに定時に帰るのかと訊ねたら、お父さんが厳しくて門限があるからといわれていましたが。お客様のところに出向く営業職では、ぴったり定時に帰られては仕事にならないのです」

その夜、智美が鬼のような形相で帰宅しました。開口一番、目を吊り上げてきつい口調で父に食ってかかります。

「お父さん、何で会社に電話なんかするの！　私、もう会社に行けない」

「お前が突然、辞めるなんていい出すから心配したんだよ。だけどお前、残業していたんじゃないのか。毎日定時に帰っているって、どういうことなんだ」

恥をかいたのは、こっちだぞ……可愛い娘に、そこまではいえません。しかし、智美はわんわんと声をあげて泣き出したのです。すると、それまで黙って聞いていた妻が、たまりかねたようにこう切り出しました。

「お父さんには黙っていたけれど、智美はね、やっぱり何か資格を取りたいからって行政書士の専門学校に通いはじめたのよ。あと、心理カウンセラーもね。だけどいざ通ってみたらお勉強が思ったより大変で、結局仕事も中途半端になって…智美ちゃん、疲れちゃったのよね。ねぇ、そうでしょ」

＊＊＊

岩蔵さんは、「呆れてしまい、返す言葉が見つかりませんでしたよ」と、当時を振り返って苦笑いをします。

資格が取りたいからと専門学校に通い、お勉強が忙しくて仕事を下ろされた。それを理不尽だと泣き出す娘。確かに先が思いやられます。

後から聞いた話では、電話で話した智美の上司は人材教育会社の取締役を兼務していて、岩蔵がいた銀行の社員教育のコンサルティングもしていたとか。確かに、その会社のコンサルティングが入ってから、ずいぶんと行員の態度が良くなり、感謝したものでした。そんな相手に向かって、娘の真実も知らずに社員教育の在り方を語ってしまった自分。

「結局ウチの娘は、その会社を退職してしまったのですが、私はこれ以上口を挟まないほうがいいですよね？」

そうです。見守っていればいいのです。だけど、どうも岩蔵さんのご家族の場合、お嬢さんと奥様が結託しているように思えます。

「いいのよ、お父さんには黙ってなさい。お母さんがお金はなんとかするから」。

数年前、「友達母娘」という言葉が流行しましたが、女性のヘリ親依存型〈シュガー社員〉は、母親と姉妹のように仲がいいケースがとても多いのです。母親から娘に「この資格を取ってみなさいよ。ステキじゃない？」と提案する場合もあります。自分が取れなかった資格を、娘に代行させているような気配も見えます。

皆さん勘違いしがちですが、明確な目標も持たずに資格を取るだけではキャリアアップにはなりません。それで仕事のほうをなおざりにするなど、本末転倒ではないでしょうか。

事例5

「数字を見ていると、気持ち悪くなってきちゃうんです」

今から20年前…
今日の体育はプールなの。泳ぐのキライ…休みたいよォ
ママ〜
わかったわよ。見学届、先生に出しなさい。
れんらく帳 7/16
熱があるので今日のプールは見学します。
母
ハイ、これ。
そして20年後…
母がやりたくないことはしなくていいって言うので。
オ、オマエ…ツワモノだな
見学料とるぞ。
熱が出るのでデータの打ち込みは見学します。
母

斎藤健一は医療系の専門学校に通い、医療機器を操作する技師の資格を取りました。当初は専門学校の卒業が危なかったのですが、実習先の医療機関では、人なつっこい性格がナースからも受けが良く、担当医が「卒業させても問題なし」と学校に紹介文を書いてくれたことで卒業が決まり、そのまま実習先の医療機関に就職したのです。

晴れて社会人となった健一の仕事は、レントゲンなどの医療機器を操作することと、データベースに患者の数値を入力していく業務なのですが、健一にとって、患者データを入力することが苦痛になってきました。

細かい数字を追う作業が苦手な健一は、次第に元気がなくなってきて、人事担当者の細川にこう申し出たのです。

「機器の操作はこれまで通りやりたいんですけど、データ入力は他の人に代わってもらえないでしょうか。やりたくないんですよ」

健一よりも十歳ほど年上の細川ユキ子にとって、彼はできの悪い弟のように思え、その日は少し話をしようと飲みに連れ出し、居酒屋でこう諭しました。

「あんたさ、世の中ナメてるんじゃないの？　やりたくないって何？　やりたいことだけやってお金をもらおうなんて、三〇年早いわよ。新人なんだから、何でもやります、やらせてくださいって、自分から嫌な仕事を引き受けるという態度が基本でしょ。悩みならいつでも聞いてあげるから、もうちょっと頑張りなさい」

と姉御肌を見せて励ましたのです。しかしその翌日、なんと健一は細川の上司を呼びつけて、こう相談したというのです。

「昨日、細川さんに仕事内容を変えたいと相談したら、無理矢理酒に付き合わされて、体育会系のノリで強引に続けろといわれてしまいました。でも僕はもう限界なんです。昔から数字が苦手で、数字を見ているると気持ち悪くなってきちゃうんです。数字のない仕事に変えてもらえないのなら、この病院を辞めます」

＊＊＊

一体どうなっているんだ？　と上司に呼び出された細川さんから、慌てて私のところに電話がかかってきました。

そして改めて、細川さんとその上司、看護部長、健一さんと私を交えて話をすることになったのです。健一さんは、すでに退職する決意を固めていました。

「退職をする三〇日後までこの病院で勤務はするつもりですが、データ入力は限界です。今日から誰か別の人に代わってください」

「別の人って、誰かこの機械を操作できる人が他にいるの？」

「…誰か探してきてください。僕はもうやりたくありません。画面の数字を見ていると、本当に吐きそうになるんですよ」と、まるでプールを嫌がる小学生のように、目に涙を溜めながら、「嫌だ嫌だ」の一点張りです。私は、健一さんが果たして今後、社会人として立派に生きていけるのかどうかさえ心配になってきました。

「あなたのご両親はなんていっているのかしら？」

そして、予想通りの答えが返ってきたのです。

「嫌なことを無理して続ける必要はないって。そんなに嫌なことをやらせるような会社にはもう行かなくてもいいって…」

学校でいじめられたのなら、「もう行かなくていい」は正論かもしれません。しかし、社会人の我が子に「行かなくてもいい」は甘過ぎやしないでしょうか。

ご両親はどこまでこの状況をわかっているのでしょう？　当面は、健一さんがいないと仕事全体に支障が出るということを。専門学校の卒業が危なく留年しそうだったのを、この病院の担当医が紹介文を書いたことで、無事卒業できたことを。そんなことは一切省みず、気持ち悪いと平然と言葉にしてしまうのは、なぜなのでしょう？　第一、数字を見るのが気持ち悪いのならば、医療技師なんて務まらないのではないだろうか？　こうなったらもう、情状に訴えるしかありません。

私は健一さんに切り出しました。

「あなた、ここが最初の職場なんでしょう？　君がもうこの仕事を続けられないということはよくわかったけれど、せめてきちんと送別会を開いてもらえるような辞め方をしませんか？今のままだと、誰もがあなたをまったく評価しないままで終わるんだよ」

看護部長や細川さんも、「あなたの面倒を見てくれた人達を困らせないでね」と口々にいい、説得すること一時間、ようやく彼は納得してくれました。最後まで自分の仕事をこなし、送別会を開いてもらえたそうです。

今回はたまたま納得してくれましたが、これは稀なケースだと思います。ほとんどは自分の考えを強引に押し通し、嫌なことが目の前にあれば、逃避することにしか頭が回らないので、退職間際をゴタゴタさせます。別れ際が汚いのもまた、〈シュガー社員〉の特徴です。

でも、彼らには意外と「送別会を開いてもらえるような辞め方をしよう」というアドバイスは有効かもしれません。

なぜなら、彼らは自分が主役になる場所が大好きだからです。

事例6

「アメリカだったら、常識ですけど」

15ケ国で暮らした経験があるとのたまうS美。
コピー取り!? Just Wait!! お茶汲み!? No Thanks!!
あら…アルメニアのFRIENDから電話だわ。
Love & PEACE
それだけでオフィスの特権階級に。
ウットリ…
しかしどこの文化にも言葉にもくわしいわけでもなく…ある日、衝撃の事実が!!
あいのり
再放送
あ
あいつ…ラブワゴンで15ケ国かよ
やられた

人材派遣会社で主任を務める美貴さんは、新しいアシスタントとして、小学校高学年から八年間アメリカに住んでいたというアカリという女性を採用しました。趣味が海外旅行だというアカリは、好きなときに旅に出かけられるようにと、今まではフリーターとしてアルバイト経験しかないということでしたが、その英語力と行動力を買って、美貴さんは彼女を契約社員採用としたのです。

彼女は当たりだわ――採用から一カ月後、美貴さんはそう確信していたそうです。外国人の問い合わせが増えてきた昨今、電話の応対もスムーズなアカリの英語力は大変役に立ち、彼女は他のスタッフからも一目置かれる存在となりました。

キビキビとした物腰。迷うことのないレスポンスの早さも、帰国子女ならではでしょうか。確かに他のスタッフとは、ちょっと毛色が違うようです。

「いいなあ。アカリさんみたいになりたいなあ。私も英会話学校に行こうかしら？」

と、休憩時間に他のスタッフが彼女を半分おだてるようにいうと、

「チッ、チッ。その考えが甘いんだよ。英会話学校なんて行っても、いつまでも上達しないわよ。語学はね、もっとエモーショナルな空間で覚えるものよ。あなたがそう思うんなら、こんな会社にすがりついているよりも、20代のうちに留学をしておくほうが、よっぽど人生が拓けるんじゃないかしら？　吸収力が大事なのよ。アメリカの会社ならそんな留学支援制度は当たり前のようにあるけど、この会社は遅れているみたいね。そういうのをわかっている人がいないのよ。本気で人を育てるってことができないのよね」

こ、こんな会社……？　美貴さんはお茶をむせそうになりましたが、まあ、それくらいは帰国子女ゆえの言葉のアヤというものよねと、聞こえなかったふりをしました。

しかし、一事が万事、話題の中心となることで日に日に職場で増長してゆくアカリの態度に、手を焼きはじめたのも事実。たとえば、手が空いている人や、気がついた人が随時行うと暗黙のルールになっていたお客様へのお茶出しや、食器洗いや、スタッフ全員が定期的に行うことにしていた女子トイレの掃除当番さえも、「これは私の仕事ではありません」と、絶対にしようとしません。

最初は羨望のまなざしで見ていた他のスタッフ達も、やがてはアカリに距離を置くようになっていきました。いつしか、休憩時間にアカリを囲むこともなくなりました。

そして、アカリの入社一年が過ぎたところで、事件は起きました。

アカリが、破格の給与アップの交渉をしてきたのです。それも、美貴を飛び越えていきなり部長に直談判をしたのですから、美貴の立場は完全に無視されたようなものです。

「美貴さんには、私の能力を使いこなすセンスがありません。しかも主任をしているくせにTOEICも受けてない人なんて、アンビリーバブルです。アメリカでは、あんなタイプの人がチームリーダーになるなんて、ありえない。私は今、美貴さん以上に仕事をしているし、役に立っているはずです。それに他のスタッフの面倒も見ているので、美貴さんと同等、もしくは同等以上の給与にしてください」

美貴はすぐに、部長から呼び出されました。

「噂には聞いていたけど、なんかすごい子が入ってきちゃったよなあ。彼女の採用を推したのは、そもそも君だったよね？　仕方がないから、能力給として他の契約社員よりも少しだけアップすることにしたよ。だけど、あんなことをいきなり僕にいってくるなんて、君の管理能力が足りないんじゃないのかい？」

これにはショックを受けました。

確かに、英語ができて、なんでも歯に衣着せずにズバズバというアカリに遠慮していた部分がなかったといえば嘘になります。

でも、もう特別扱いなんかやめよう、彼女にもトイレ掃除をさせよう……そう心に決めた矢先に、今度はこんなことが起きました。

「海外における派遣の実態」というセミナーに部署を代表してアカリに出席してもらったのですが、そのフィードバック・レポートが、もう、適当過ぎるというか、ぼろぼろなのです。セミナーがどんな内容だったのかまったく把握できないし、アカリの感想が一つも書いてありません。美貴が、頭を抱えながらレポートを書き直しするように命令をすると、アカリはこう返してきました。

「あんなセミナー、くだらなくてレポートに書くほどのことは何もなかったんです。だって、全然海外の実態なんてわかっていない人が知ったかぶりをするだけで、日米の比較の分析もできていないし、わざわざ私が行くまでもなかったかなって、時間がもったいなかったと思います」

オマエは何様だ？

帰国子女ってそんなに偉いのか？

そんな怒りをぐっと抑えて、美貴はこういいました。

「でも、あなたには会社を代表して行ってもらったのだから、それをレポートするのも仕事のうち。義務なのよ。くだらなかったのなら、どういう部分がくだらないのか、ちゃんと言葉にしてもらわないとお金を払ってあなたを行かせた意味がないでしょう？」

「あーあ、日本の会社ってこういうところがダメですよね。アメリカなら、くだらないものにわざわざその後も社員の労力を使わせるなんてこと、ありえないのに」

ここで、とうとう堪忍袋の緒が切れた美貴でした。

「そんなにアメリカがいいと思うなら、こんな会社をとっとと辞めて、大好きなアメリカで働けばいいじゃないの！　くだらないところにいるなんて、あなたらしくないわよ！　辞めなさいよ、今すぐに！」

その瞬間、アカリの目がイヤな感じに光ったかと思いきや、何もいわずにその場を立ち去ったのです。

そして次の日、アカリは会社を休みました。美貴が部長に呼ばれたのは、その日の午後です。

「アカリ君に不当解雇を迫ったというのは、本当なのかい？　まずいだろう、それは。アカリ君の父親からうちの社長に電話が入って、今日中に謝罪がなければ、弁護士に相談するといっているらしいぞ」

目の前がクラクラしました。美貴と部長はその日の夜、アカリの父親に謝罪に行きました。言葉が過ぎました、と頭を下げるしかなかったのです。

「ああ、君が美貴さんかね？　腰かけのつもりで入って、仕事もできないのに主任になっているというのは。アカリはね、君なんかと志がまったく違うと思うんだけどね。慣れない日本の文化の中で、自分が学んできたことを一生懸命生かして、企業の空気を良くしたいと頑張っているのに、その才能を摘むようなことはナンセンスだよ。僕はね、アメリカをはじめ、中東でもヨーロッパでも仕事をしてきたけれど、日本はまだまだ閉鎖的な村社会だと実感しているんだ。こんなに閉鎖的な社会では、いつまで経ってもアカリのような子をうまく使えないよ…」

と説教されること、一時間。

＊＊＊

その翌日から、アカリは平然と出社しています。しかし美貴はあの日以来、いいようのない疲労感を感じ、アカリに話しかけることさえも怖くなってしまったそうです。

このように、数年でも海外経験のある〈シュガー社員〉は、かなりやっかいな存在として増長する可能性があります。なぜなら、親も自分自身も疑う余地がないほど、「私は特別な存在」として成長してしまったからです。さらに、ネイティブと同等に英語が喋れるというのは、なんだかんだといいつつも、オフィスでは七難隠すほどの武器となりますから。

日本の企業には日本の良さがあります。確かに、欧米で仕事をした経験のある人は、個人を尊重する労務管理に慣れてしまい、日本独特の体制が歯痒いこともあるでしょう。もちろん、社内規則に記載がなければ、お茶を淹れることも、トイレ掃除をすることも、拒否する権利はあります。

だからといって、外国の文化をそのまま日本に持ち込めるわけがありませんし、もしも職場の空気を変えていこうと思うなら、外堀から固めていかなければかならずや、最終的に職場にいづらくなるのは、〈シュガー社員〉のほうです。

それにしても、この親にしてこの子ありです……。日本企業には、「皆で助け合う」という風土が未だに根強く残っています。

どんなに個人レベルでの能力が高くても、チームワークが大切なのです。でも、そんなことは〈シュガー社員〉には関係ありません。自分にさえスポットライトが当たればそれで満足なのです。会社を活性化させたいと思うあまり、周囲を無視してスタンドプレーに出ても、企業の中枢にはいられないでしょう。本当に能力のある社員は、状況を把握して、自分が会社から求められていることを理解し、チームプレーがしっかりとできる社員ということですから。

【ヘリ親依存型シュガー社員】の対処方法

過保護な親が子供にへばりつき、両者は互いに縛り合い、破滅の方向へ向かっていきます。〈ヘリ親〉がついている子供というのは、大人になっても親の作り出したマニュアル通りの答えしか出せません。自分がどうしたいのか、これが正しいのかどうかを、自分で判断し、考えるということができないのです。

そんな〈ヘリ親〉が上空でホバリングしている〈シュガー社員〉を採用してしまったらもう最後です。本人と家庭の問題が最前列にあるため、企業で精神性を育てたり、意識改革をさせるには限界があります。

かといって、解雇しようものならとたんに〈ヘリ親〉が垂直降下してくるので、うかうかと解雇をほのめかすような発言もできません。〈シュガー社員〉は、嫌なことがあればすぐに会社を辞めるのが特徴ですが、それなりにおいしい企業には、何がなんでも食いつく、という一面も持ち合わせています。自分の権利やプライドというものを非常に大切にするので、たとえ社会経験が少なくとも、今の自分の会社が、「オイシイか」、「オイシクナイか」を瞬時に嗅ぎわける嗅覚を持っているのです。

この場合、「オイシイ」というのは、給料が高いとイコールではありません。嫌な人がいないか、無理を強いられないか、自分にとって扱いやすい上司であるか、適当にサボれるのか、などという事柄も、「オイシイ」ということに含まれます。

また、大企業と中小企業では〈シュガー社員〉の質も違ってきます。

大企業では、〈シュガー社員〉といえどもプライドもあるため、与えられた仕事はそこそここなします。周りに能力の高い人が大勢いるので、ミスをしても誰かがそれを発見し、カバーしてくれるため大事には至らないのです。クビにはならない程度の小さなミスを繰り返し、成長の跡も見て取れず、いてもいなくてもどっちでもいい人というのが、大企業における〈シュガー社員〉です。そして、〈ヘリ親〉は、大企業の〈シュガー社員〉の親に多く見受けられます。

- 我が子を、特別な存在と信じて疑わない
- 自分達は人生の勝ち組だと思っている
- 勝ち組の子は勝ち組。黙っていても一流企業で出世していく

という考えが、〈ヘリ親〉の根本にあるのです。そして、我が子に足りない部分があれば、親の努力でいくらでもカバーしようとします。

〈ヘリ親〉は、企業の労働条件を非常に気にします。きちんと法を遵守しているかどうか。もし、法令違反などあろうものなら、そこから追及します。企業に対して一個人が戦いを挑んでくるのですから、相手の弱点をとことん突いてきます。企業は以前にも増して、企業コ

ンプライアンスが求められるのです。

「嫌なら辞めてもらって結構」というのが、多くの経営者側の言い分だと思いますが、「退職しないで戦う」というのが、大企業にいる〈シュガー社員〉と〈ヘリ親〉の特徴なのです。

では、中小企業の〈シュガー社員〉はというと、プライドと権利意識が高いのは前者と同じですが、すぐに見切りをつけて違う会社へと渡り歩きます。〈ヘリ親〉も、クレームだけはつけてきますが、子供に対しては、「嫌なら辞めなさいよ」と早々とレールを架け替えるのです。

このような、中小企業の〈シュガー社員〉の場合は、どのように接していけばよいのでしょうか。

〈シュガー社員〉は基本的には甘ったれですが、ワルではありません。仕事を通して得られる達成感は、やり遂げた者にしか味わえません。もともと「好きなことには一生懸命」ですから、仕事に興味を持ってもらえればいいのです。

〈ヘリ親〉から独立させるには、仕事の達成感を体感させるしかないのです。もしも彼らを大人にさせたいのであれば、とりあえずは頼りになる兄貴分や姉御のリーダーがいるセクションに配置し、お姫様、王子様のように扱い、じっくりと仕事を教えていくのです。ただし、体育会系のノリはいけません。〈ヘリ親〉の子供に、体育会系の部活で10代を過ごし、鍛えてきた人はまずいないでしょう。〈シュガー社員〉の教育係には、一流ホスト並みのあしらいのうまさと、どんな人にもとびきりの笑顔で対応できるような忍耐力が必要ということになります。

ところで今、教育現場でも過保護な親が学校や教師に理不尽なクレームをつけて、教育現場が混乱しています。〈ヘリ親〉よりもさらに上をいく、〈モンスターペアレンツ〉と呼ばれているそうです。昨今、「なぜ、学芸会でウチの子が主役じゃないのだ?」とクレームをつけられて、挙句の果てに、一ダース以上の桃から桃太郎が飛び出してくるという摩訶不思議なお芝居が、全国各地の学校で見られるそうです。

そんな親からの継続的なクレームに対応するため、教師が部活動の指導やテストの採点の時間を奪われたりし、中には脅迫まがいなことをいい出す親もいて、対応に苦慮しているようです。教師の「うつ」が急増しているというデータもあります。子供同士のささいなトラブルに、「相手の子供を転校させて欲しい」「部活動のユニフォームを学校で洗って欲しい」「なぜ、教師は毎日家に来ないのか」「携帯電話は二十四時間オンにしてください」「朝ごはんを学校で食べさせて」……こんな理不尽な要求をする親が、全国レベルで増えており、県警の刑事を招いて研修を行っている地域もあるそうです。

1　クレームを訴える親とは一人で面談しない
2　最初から時間を区切って面談する
3　相手の要求が酷い場合には会話を録音する

など、毅然とした対応をするよう呼びかけています。これは、企業においても十分参考になる内容です。

近い将来、このような親の下で育った子供達が就職してくるとなると、一体全体ウチの会社はどうなってしまうのだろうか……といいようのない不安を感じている経営者の方がいらっしゃるかもしれません。しかし、ここまで酷い親の子供はどこか歪みが表出していて、今の〈シュガー社員〉とは違い、楽観視はできないものの面接や試験の段階で見つけ出すことが可能ではないかと思っています。

学校は子供を選べませんが、企業には採用の自由があります。ただし、個人レベルの話をすれば、中間職にいる人達は部下を選べず、誰にも相談できずに、ストレスを抱えてしまうことがままあります。

経営者の皆様は、どうか気をしっかりもって、現場の声にも耳を傾けながら採用にあたってください。

タイプⅡ　俺リスペクト型シュガー社員

事例1

「そんな仕事は、バイトかハケンにやらせればいいじゃないですか」

〈俺リスペクト型〉シュガー社員はプライドが高い分
私がやるほどの事じゃないっスよね？
バイトくーん
コレやって～
ハケンさーん
コレやって～
TEL
MeMO
自分が頼まれた仕事もすぐバイトか派遣に振ろうとします。
学生バイトよりもタチ悪し。
さらに…思い込みが激しい分
この電話のメモ、誰から？
この人の用件は何？
?
私にガンバってねって…
自分LOVE
留守番電話より性能悪し。

会計士の田崎靖行は、二年前に知り合いの紹介で品川裕子を自分の事務所の総務として採用しました。田崎の事務所は比較的大きい規模のところで、全五名の会計士が所属しています。裕子は、将来は税理士になりたいという夢を持っていて、この事務所で実践的な業務を学びながら働かせて欲しいということだったのですが、知り合いの紹介ということもあり、正社員として採用をしました。

田崎の会計事務所では、午前中は特に、ひっきりなしに電話が鳴ります。裕子は電話応対が苦手なようでした。相手の身になっていない対応が目立つのです。保留が長く再び電話に出たときには切られていた、ということもよくあります。さらに相手のいっていることがうまく理解できず、頭の中で整理ができていないように見えます。たまに、何度も同じことを聞き返すために相手を怒らせている気配さえあり、田崎には少し気がかりでした。しかも、電話を終えた後に、「もう、もっとわかりやすく話してよねえ」とブツブツと独り言をいっていたりします。ブツブツいいながらもメモはとってはいますが、担当者に伝わる頃にはまったく別の伝言になっていることもよくあります。思い込みが激しくて、伝言ゲームで真っ先に間違えるタイプです。

「このメモ、どういう意味かわからないんだけど?」と担当者に訊かれても、「いいえ、私は先方がいったことをそのまま書いただけですから」と薄ら笑い。「このメモ、○○社としか書いてないけど、なんていう人からだった?」と訊ねても、「そこまではいっていませんでしたが」と、平然とした態度。

しかも、先方が「電話がありましたと伝えてください」と念を押さないと、メモを残さないことさえあります。「品川君、○○商事さんが午前中も僕宛に一度電話をくれていたみたいじゃない？　どうして伝えてくれないの」とちょっときつい口調で注意をしても、「またかけ直すといっていたんで、別に伝えるほどでもないかと」とちっとも悪びれている様子がないのです。

たまりかねた田崎は、「電話があった旨を伝えてくれといわれなくとも、担当者不在の電話があったことは、必ずメモにして残すこと！」という貼り紙を、まるで小学校の「トイレのあとは石鹸で手を洗いましょう」というような具合に壁に貼ることにしました。要は留守番電話より役に立たない応対なのです。

電話が苦手なら、ふいの来客はもっと苦手。田崎がうっかりと10時に来客があることを失念したまま外出し、14時に帰社すると、「10時に○○さんがお見えになりましたが、田崎さんがいなかったので帰りました。また来るそうです」という裕子のメモが。

「品川君、なんで君、僕の携帯に連絡をよこさないんだい？　何かあったらいつでも電話をしてくれと伝えてあるだろう」

「だって、14時戻りって書いてあったから、電話しても仕方がないと思ったんです」

「どうして仕方がないって君が決めるんだい？　僕に確認をしないまま追い返すなんて、非常識じゃないか！」

と思わず叱りつけました。すると、黙って目を伏せていた裕子は、溜息まじりに最後の最後で、「ああそれはすいませんでした」と、あからさまに反抗的な態度で呟いたそうです。

そして、その翌週のことでした。

「田崎さん、私、実はヘッドハンティングされたので、今週かぎりでこの会社を辞めます。お世話になりました」

と、勝ち誇った顔で報告に来たのです。

ヘッドハンティング？　この品川が!?　田崎にはわけがわかりません。

「それは、君にピッタリの仕事が見つかったということなの？」

「それはまだわかりませんけど、とにかく、どうしても私の事が必要だと先方がおっしゃるので、今だからぶっちゃけて話しますが、こちらよりも、やりがいのある仕事をさせてもらえると思います」

「総務の仕事が不満だったということかい？　でも、君は勉強しながら実務を学びたいということで、総務を希望したんだろ？」

「でも、電話番や資料探しや、書類作成なんて、他にバイトでもハケンでも雇えばいいじゃないですか。正社員の私にそんな雑務ばっかりさせるなんて」

知人の紹介だったから、たまたま最初から正社員にしてやっただけで、本来ならバイトからスタートするんだよ……と喉まで出かかりましたが、声に出したら面倒くさいことになりそうだと、田崎はもうほうっておくことにしました。そのまま、ろくに引継ぎもせずに、裕子はさっさと事務所を辞めていきました。

それから二カ月経ったある日のこと。

田崎のもとに突然、こんなメールが入ったのです。

「田崎さん、お元気ですか？　その節はお世話になりました〜！　裕子です。ごぶさたです。

実は私、ヘッドハンティングをされた例の会社を辞めちゃいました。

だって、全然話が違ったんですよ！　私が会計事務所に勤めていたからって、いきなり会計の仕事をさせようとして、『教わっていないのでできません』といったら、『だって君が会計事務所で働いているというから、来てもらったんだよ』って……ありえないでしょ？　超勘違い社長だと思いませんかぁ？　ワタシは総務やってたんだっつ〜の。それで、話が違うって逆ギレされちゃいました。それに、『田崎会計事務所っていうのは、何も社員に教えてないのか』って、田崎さんのことまで侮辱するみたくいうんですぅ。私のこと悪くいうだけならいいけどさ、田崎さんのことまで悪くいわないでよねえって、私そのとき思っちゃって。

アレ？　これってもしかしたら、田崎事務所への忠誠心かも!?　そんなふうに思ったら、急に田崎事務所に戻りたくなりました。

また田崎さんにビシビシとしごかれながら、働かせてもらえませんかぁ？　でも、もしかして、もう誰か新人を入れちゃっていたりして（きゃー）。でもでも、新人さんがいても、いろいろと私が教えることもあると思うので、この件、ぜひぜひ前向きにご検討くださいませ。条件は、前と同じでOKですので〜。お返事待ってます」

＊＊＊

もちろん田崎さんは、「もう他の人に決まっているから」と断りの返信をしたそうです。ところが裕子さんは、その数日後に田崎会計事務所の求人票を職安で発見し、激怒のメールを送ってきたとのこと。「田崎さん、なんであんなウソつくんですか⁉ ありえないんですけど」と。ご丁寧にプンプン顔の絵文字つきで。

ありえないのは、もちろん裕子さんのほうです。迷惑をかけていきなり辞めておきながら、しれっとこのようなメールで再雇用を願い出るというのは、今流行の、「鈍感力」の賜物でしょうか。

自分の仕事のスキルは二の次。不思議なことに、仕事ができない〈シュガー社員〉ほど、電話応対や、資料作成、お客様への対応など、一見誰でもできそうな基本的な仕事を馬鹿にし、雑にこなす傾向があります。「これは私がやる仕事じゃないわ」と、見せかけだけのキャリアを主張するのです。まさに、自分・リスペクト。自分自身のイメージ像が現実の姿と乖離《かいり》しているとは気がつきません。実るほど頭の下がる稲穂かな、という諺《ことわざ》ではないですが、まったく実のない〈シュガー社員〉は、「こんなのバイトにやらせればいい。私には他にやるべきことがある」と、軽い頭でたんぽぽの綿毛のように、ふわふわと浮遊し続けるのです。

事例2

「俺、会社では癒し系です」

松尾晃は居酒屋チェーンを展開する企業の人事担当者です。その居酒屋は道内や札幌市郊外に全部で三〇店舗あり、正社員、パートを含めると三〇〇名規模の企業です。晃は人事の責任者という立場でもありますが、どうも責任者にしては問題がありそうです。

「私の保険証、まだできませんか？」

三週間前にパートで採用した女性が晃に尋ねます。

「ああ、あれ、ちょっと待ってね。え～と砂山さんね。あ、年金手帳をまだ出していないでしょ」

この言葉に相手からは、「年金手帳を持って来いなんて、今はじめて聞きました」といい返されます。晃は仕事が異常に遅いのです。新入社員が入社してから保険手続きが終わるまで、一カ月以上はかかります。

ヘタをすると手続き中に社員が退職してしまい、どう処理していいのか悩んでいる間に、それも忘れてしまい、後からゴタゴタすることもしょっちゅうなのです。

入社手続きで一カ月ですから、退職手続きとなると二カ月以上かかることもあります。離職票を作成したり、源泉徴収票を作ったりと、退職するときはやたら書類が必要です。そんなペースでは退職後に住所を変更されたらもうアウト。書類をどこに送っていいのかわからなくなります。退職した社員から矢のような催促を受けても「もう少し待ってね」というだけで一向に手続きしません。呆れた社員が自ら役所に出向き、役所から催促されてやっと書類が出るという具合なのです。

どうしてこんな人が人事の責任者なのか不思議です。よほど人手不足なのでしょうか。

ただし晃にはいいところもあります。人がミスをしても咎《とが》めないところです。「そっかあ。仕方ないよね」で終わるので、仕事のできない一部の部下からは慕われています。企業というところは、仕事のできない人は、仕事のできない者同士固まるのが常です。

というわけで、晃は自称、「癒し系の人事担当者」。殺伐《さつばつ》とした事務所内でガツガツと仕事をしないマイペースな自分の存在が、スタッフの皆の癒しの存在になっているんだよと公言しているのです。

しかし、あまりにもずさんな仕事ぶりがついに社長の耳に入りました。役所からの呼び出しがあり、厳重な注意を受けたのです。社長はすぐに、晃を人事責任者の座から降ろしました。

だけど、晃にも言い分はあるようです。

「飲食店はパートさんはもちろん、社員の出入りも激しくて、保険に加入してもすぐに退職してしまう人ばかりなんですよ。だから、様子を見ながらかけていたんです、俺。それで遅くなったのにさあ。どうしてそういう俺の気遣い、社長はわかってくれないんですかねえ。目に見えないところで相手を思いやる俺の気持ちが、会社の雰囲気をよくしているのに。だってほら、俺って癒し系じゃないですか」

と私に愚痴をこぼしました。

残念ながら、晃さんも俺リスペクト型〈シュガー社員〉の要素を持っているようです。

「晃さん、それとこれとは分けて考えないと。手続きを怠れば、いくら癒し系的存在であっても社員の方に迷惑がかかりますよ」と忠告をしました。

その後、健康保険の継続ができなかった社員が、会社に責任を取れと詰め寄ってきました。晃が提出期限を忘れてしまい、退職後の保険加入ができなくなってしまったのです。晃さんは再度、社長の逆鱗《げきりん》に触れ、ついに会社にいづらくなったのか、退職することに。

私は、彼の退職手続きをすることになりました。就業規則や労務相談で顧問をしていたので、その会社の内情は把握していました。晃さんが退職しても誰も困りません。むしろ「辞めてくれて良かった」と、安堵の声が多かったのです。でも彼は、「俺がいないとこの会社は回らない、俺の代わりは誰もできない。会社の空気が悪くなる」と最後までいっていたようです。

＊＊＊

晃さんは退職の当日、私の事務所に電話をくれました。

「自分の離職票はいつ頃もらえますか」

「給与のデータをいただければ、すぐに書類は作成できますよ」

「早く欲しいので、今からお渡しします」

あれ、ものすごいスムーズじゃない⁉　退職した次の日、再び晃さんから電話がありました。

「歯が痛いので健康保険を任意継続したいんだけど、今、社会保険事務所に行ったら、まだ会社で喪失手続きがされていないから保険証作れないっていわれちゃいましたよ。いつになったら手続きしてもらえますかねえ」

顔は見えませんが、「何モタモタやっているんだ」というような口ぶりです。

「晃さん、昨日の今日のことじゃないですか。わかりました。お急ぎであればすぐに手続きをしますね」

とお返事しましたが、その後、手続きが完了するまで、毎日催促のお電話をいただきました。自分の事になると、どうしてこんなに素早く行動できるのでしょうか。

このように俺リスペクト型タイプの場合、基本的には自分が大好きな〈シュガー社員〉の中でも、群を抜いた存在です。自分の事には一生懸命、他人にはまったく興味がないのです。そのやる気のなさを、「私、癒し系なんで～」なんて誤魔化すのは、許されることではありません。〈シュガー社員〉が企業から愛されない理由は「自分は許されている」という甘いセンサーが常識的範疇を突破しているからでしょう。

事例3

「ワタシがワタシでなくなっちゃうから辞めたいんです。有給ください」

託児施設を営むO社は、保育士のほか、調理員、送迎ドライバー、企画営業など、様々な職種の社員を抱え、各町に複数の託児ルームを持ち、道内では大手といわれています。ただし一五〇名いる職員の中で、正社員は二〇名ほどで、ほとんどが準職員といわれる、日給又は時給で採用された職員達です。各セクションに責任者はいますが、責任者もほとんどの人が準職員。本部と各責任者の連絡業務や、職員の管理を行うのが正社員の役割でした。

ある日、託児ルームでそのトラブルは起きました。

保育士の関根由加里に関して、ある男の子のお母さんから、本部の杉田宛にクレームが入ったのです。

男の子が託児所内で転んでケガをしているのに、絆創膏一枚貼ってもらえなかった。どうして、と由加里先生に尋ねると、「こっちはあなたのお子さんだけ見ているわけじゃないんですよ」とぶっきらぼうな返事をされたといいます。この件がはじめてではなく、由加里は最近、「私、思ったほど子供が好きじゃなかったかも。ねえねえ、これだけいっぱい子供がいるとさ、ウザイよね」と同僚の保育士にこぼしているという情報も杉田は掴んでいました。

杉田が由加里を強く注意した翌日、彼女は、ファンシーな絵柄の便箋に丸々とした文字で書かれた辞表を持って本部にやってきました。

「昨日はすいませんでした。注意されていることはワタシに落ち度があるって頭ではわかるんですけど、もう続けられません。このままだと、ワタシがダメになっちゃう気がするんですよ。ワタシがワタシじゃなくなっちゃうような。子供が大好きだったはずなのに、仕事が大変すぎて、天使みたいに可愛いはずの子供が悪魔に見えちゃう。このままだとワタシ、いい保育士どころかいいお母さんにもなれないかもしれないので辞めますけど、うまく言葉にできなかったので、退職届は、本を見て、『一身上の都合で』って書いていますが、ワタシの本当の気持ちはそんな感じなので、わかってくれますよね？　杉田さんだけは」

クネクネしながら辞表を差し出す由加里。

いいんだよ、一身上の都合で。ワタシがワタシでなくなるから辞めますなんて書かれた辞表、絶対に受け取りたくないよと思いながら、「お疲れ様でした。では、我が社の就業規則に則って、これから三〇日間で引継ぎを終えて、来月の10日付で退職される、ということでいいですね」と事務的に対応すると、意外な言葉が返ってきました。

「えっと、ワタシの時間を無駄にしたくはないんですよね」

「はっ？」

「えっと、もう保育士さんの夢は、ワタシの中では一度卒業したんです。新しい自分を探す時間が必要なんです。だから昨日、『会社を辞めるときに読む本』っていうのを買って、読んだんですけど、ええと、有給休暇が二〇日残っているので、これを消化したほうがいいんですよね？　だから三〇ひく二〇だから、あと一〇日は出勤して、あとはユウキュウをショーカしますので、よろしくお願いします」

となぜかちょっとハニカミながら頭を下げます。

「あのね、関根さん。君のいっていることは間違ってはいないけど、でも、もう来月のシフトが組まれているのは知っているでしょう？　二週間前に配ったはずだよ。そのシフト通りに出勤してもらわないと、他の職員や、お子様に迷惑がかかるんだよ」

「じゃあ、残っているワタシの有給休暇はどうなっちゃうんですか？　ショーカはいつするんですか？」

「いくら有給が残っているとはいえ、シフトの途中で人がいなくなれば現場は混乱します。関根さんもそのことはご存知のはずでしょ。ほら、昨年でしたか、突然おめでたがわかって、辞められた保育士さんがいましたよね？　あの人が急に来なくなって、現場はてんやわんやだったでしょう」

「やだあ！　一緒にしないでください。ワタシ、デキ婚なんてしませんもん。もう！　あの人のときは突然だったけど、ワタシはあと一〇日出社して、子供達にもちゃんと挨拶するつもりです。ごめんね、先生のこと忘れないでねって」

どうも話が違う方向に向かっているようです。これ以上由加里を会社において子供や保護者に恥をさらすくらいなら……。ここで杉田は説得を諦めました。

その後、現場の責任者から、

「杉田さん、ほかの先生達、由加里さんの送別会はやりたくないっていっているから、やらなくていいですよね」

と電話がありました。

いくら自分の会社のスタッフとはいえ、「ワタシがワタシでなくなるから辞めたい」なんて相談されたら、ほとほと困ってしまいます、と杉田さん。

私情を押し殺しながら仕事をすることもプロのうち、なんて教え諭したところで、イマドキの俺リスペクト型〈シュガー社員〉には、外国語にしか聞こえないかもしれません。「それって軍隊ですか？」と真顔でいわれそうで怖いものがあります。

＊＊＊

さて、従業員の退職時の年次有給休暇に関するトラブルは、時間外手当と共に一番多く発生するものです。

普段めいっぱい有給休暇を消化している社員なら、それほど日数も残っていませんが勤続年数が長くなればなるほど、繰り越し分も含めて最大四〇日分の年次有給休暇を請求される場合があります。事業主からすれば、「働いてもいないのに金を払うなどとんでもない」と思われるかもしれませんが、これは労働者の方の当然の権利ですから、拒むことはできません。

在籍中であれば、「時季変更権」を行使して多忙な時期からずらすようにできても、退職時ともなると時季変更権も使えません。本当に人手が足りないときにこのようなケースが起きた場合、どうすれば良いのでしょうか？

退職日を有給休暇の日数分だけ延長する方法もありますが、私はこの方法はおすすめできません。なぜなら、有給休暇消化中といえども、会社に籍はあります。その間に事故を起こしたり、他の会社に就職して保険がダブったり、有給休暇消化中に新たな年次有給休暇が発生したり、賞与の支給日が到来したりと、さらにややこしい問題が訪れる可能性が大なのです。

私は、最終的に残った有給休暇は「買い上げ」して金銭で支払うのが妥当だと考えます。年次有給休暇は、在籍中の買い上げは違法ですが、退職時の年次有給休暇を買い上げするのは違法ではありません。〈シュガー社員〉といえども、猫の手も借りたいような現場では、突然いなくなられては大変困ります。有給休暇を消化したいあまり、シフト途中で退職したり、引継ぎをしないで退職するなどの申し出があった場合は、最後まで勤務していただけるように説得し、残った分は買い上げしましょう。

今や退職時の年次有給休暇の消化は、会社員の間では常識になりつつあります。退職時にモメるよりも、今後発生する有給消化分も経費として計上し、賞与などで調整されてはいかがでしょうか。

事例4

「でも、前の職場はこうでした」

看護師の花岡沙織は、B小児科に入社してから一カ月が経ちました。以前は道内有数の大病院にいたのですが、人間関係に苦労して、街のお医者さん的規模のB小児科に勤務することになりました。

さて、女性が多い職場というのは、どうしても噂話が多くなります。沙織は、噂話は聞いていて面白いとは思いますが、自分のことがネタになった日のことを考えるとゾッとします。前の大病院でうかつに派閥闘争の話に首を突っ込んで、結局自分だけが退職に追い込まれたという苦い経緯があるので、もう同じ轍《てつ》は踏みたくないのです。

沙織より先に入社した伊藤麻子はいつも病院の労働条件に不満を漏らしていました。

「有給休暇はさぁ、いつでも取っていいはずなのに、申請するとダメっていわれるときがあるんだよね。夜勤の手当だって他の病院より少ないしさ。ボーナスだって、期待しないほうがいいからね」

そういわれると不安になります。沙織は先に述べたような理由から前の病院にいづらくなったのですが、退職しようかどうかで悩んでいたときに、この小児科の院長に「ウチで働かないか」と声をかけてもらったのです。つまり、スカウトされたのです。

そうよ、私ってばスカウトされたんじゃない……それなのに、労働条件が他の人と同じなんて、ちょっと変じゃないのかな!?

夜勤手当の単価も先に入社した麻子よりも、沙織のほうが少ないのです。ナースとしてのキャリアなら、大病院での経験を持つ自分のほうが格上なはずです。次第に、自分はもっと優遇されていいのでは？　という疑念にとりつかれるようになり、改めて就業規則を読んでみると、食費の負担額にはじまり、住宅手当や資格手当も、至れり尽くせりだった前の勤め先とは雲泥の差があることがわかりました。

ダサイ病院！

納得がいかず、思い切って事務長に話してみることにしました。

「私、前の職場の病院では、それなりに評価され、優遇もされていました。院長先生に直々にお声がけしていただいてこちらにお世話になっていますが、給与の待遇が、どうも前職から比べると低いような気がするのです。できれば私のキャリアを正しく評価していただき、同じ水準にしてもらえないでしょうか」

事務長が驚きます。

「あらっ、入社前にそんなことがあったんですか。院長先生のお声がけでこちらに来たんですね。それはそれは、さっそく院長に相談してみますから」

次の日、さっそく沙織は院長室に呼ばれました。「よし、これで麻子よりも夜勤手当が高くなるぞ！」とほくそ笑みながら顔を上げると、「給与の面で不満があるんだって？」と、院長の声は穏やかではありますが、震えているようです。

「不満ととられるのは心外ですが、前の病院との差があまりにも激しいので、それをお伝えしたかったまでです。前の病院では、有給休暇もすぐについたし、夜勤手当の単価もずっと高かったんです。しかもここ、前の病院よりも人手が少ないし。私は院長先生にお声がけしてもらってこちらに勤務することになったので、処遇の面でもっと考えていただけないでしょうか。こちらで働けていることはありがたいのですが、キャリアはキャリアとして評価していただかないと」

話が終わる前に、院長の目の奥が怒りに満ちていました。あ、ヤバイと沙織が気がついたときにはもう、後の祭りです。

「私が君に声をかけたのは、君がかわいそうだったからだ。君はまだ若いし、組織の中での無知ゆえの人間関係の失敗は、20代の頃には誰しも一つや二つはある。その失敗から何かを学び取ってくれれば、きっと将来立派なナースになると思って、この道の先輩として再チャレンジの機会を与えてあげようと思ったまでだ。私の病院に入ったからには他のナース同様に、この病院の規程で納得して欲しい。納得できないのならお辞めください」

院長は、最後には目も合わせてくれませんでした。

＊＊＊

「でも私、間違ったことをいったようには思えないんだけど」

知人である沙織さんから私のところにこんな電話が来たのは、その翌日のことでした。

悔しさのあまり涙目でナースステーションに帰って来たところを麻子に見つかり、掻い摘んで事情を話したら、「あんたって思ったよりも頭が悪いのね」といわれて、それにも腹を立てていました。

「私のどこが馬鹿なの？　麻子よりぜんぜん私のほうが仕事ができるのに、評価はされないわ、笑われるわ、意味がわかんない」

そこで、私はこんなたとえ話をしたのです。

「もしも沙織さんが、今の恋人に、『前の彼氏は、超イケメンだったのよ。それにお金持ちで、お誕生日にはグッチの時計なんかプレゼントしてくれて、毎日電話もくれる人だったの。でもあなたはどうなの？』といったとしたら、恋人はどんな反応をするかしら？」

「ふん、『じゃあ、なんでそんないい彼氏と別れて俺と付き合っているんだよ、またその彼のところに戻ればいいじゃん』っていうわ」

そこまで話して、はじめて自分の過ちに気がついたようです。

ヘッドハンティングや、スカウトを（80ページの裕子さんのような、「脳内ヘッドハンティング」ではなく事実としての）されたり、入社前の面接時に、労働条件のすり合わせをすることは、まったく問題ありません。前の会社でのキャリアは、転職先で正当に評価されるべきものです。

しかし沙織さんの場合、キャリアを評価されたという一面があることにはあるのですが、院長の情の部分が大きく関わっているのです。スカウトというよりも、むしろ、「拾ってもらった」という表現のほうが正しいでしょう。だから労働条件のすり合わせもなく、沙織さんはすがるような思いで転職をしたはずです。

人というのはいつのまにか、採用してもらったことの恩を忘れ、「自分だけが損をしている」

というような、ついネガティブな発想にとりつかれてしまう、悲しい生き物です。俺リスペクト型の〈シュガー社員〉の場合は、特にそう思う傾向が強いようです。自分は優遇されて当然の人材、と頑なに信じていますから。

でも、沙織さんがこの病院で手痛いミスを挽回したいのなら、しばらくのあいだは頑張って黙々と働くしかないのです。

事例5

「それじゃあ私を解雇してください」

顧問先である審美歯科の院長が私に相談したいことがあると連絡をしてきました。

審美歯科とは歯並びや歯の色や形など、美しさに焦点を当てた総合的な歯科医療です。虫歯の治療よりも、ニッコリと微笑んだときのハッとする口元の美しさに重きを置いた施術を行うところですから、当然、審美歯科を訪れる人たちというのは美意識の高い人達なのです。

相談というのは受付とレセプトの仕事をしている大和田久絵という女性社員の件でした。

久絵は私から見ても受付業務が苦手のようでした。それでなくても審美歯科は治療というよりは美容目的の患者さんが来院するので、どうしてもわがままが多く、予約の変更もしょっちゅうです。無理矢理、時間の調整をつけても、いとも簡単にキャンセルされたりするので、久絵はいつもイライラしているように見えます。

私が仕事で受付の側で待っていると、「予約をした」といって来院した患者さんがいたのですが、予約表には名前がなかったようで久絵が慌てて探しています。どうもその人は、予約変更の常習犯のような患者さんだったので、本人もスケジュールが混乱しているようです。二言、三言の会話した後で久絵は、「本日は空きがあるのでお受けしますが、いつもこうとはかぎりませんから！」と、傍から見ていても大変激しい口調でその患者さんに接していたので、ちょっと驚いたことがありました。

さて、彼女の件で、院長が「困った」という相談はあまりにも酷い内容で、今まで様々なトラブルに遭遇している私も頭を抱えてしまいました。

久絵の態度の悪さが、ときどき度を越してしまうため、一緒に受付をしている真木美奈子が、院長に様々な問題点を報告していたようです。院長はいつも施術方法のことしか患者さんと話さないので、受付でどのようなゴタゴタが起きているのかは把握しきれていませんでした。

あるとき、美奈子から状況を聞いた院長は、診療時間が終了した後で久絵を呼び出しました。

「さっき真木さんから今日のことを聞いた。受付というのは、病院の顔なんだからニコニコしているのも君の仕事だよ。それに、予約の取り違えはこちらのミスである可能性もあるんだ。一方的に語気を荒げるなんて、もってのほかだ。気をつけて欲しい」

そのときの久絵の態度は「なんで私が怒られないといけないわけ？」とかなりふてくされた様子だったようです。

その翌日、久絵は昨日よりもさらにイライラしていました。そんなとき、アポなしで院長の友人だという男性がやってきました。アメリカで院長と一緒に審美歯科に勤務していたというのです。「帰国して近くに用があったので、突然だけど会いにきたのです」と、院長との面会を求めます。しかし、久絵は取り次がなかったのです。この業界は、ひっきりなしに医療器具や薬品の営業マンがやってくるので、院長からは、「アポなしの来客は、その場で断るように」と強くいわれていたためでした。結局、「ただいま診療中ですので、お約束の上、改めてお越し下さい」と追い返してしまったのです。

後日、院長は再び久絵を呼び出しました。「君にちょっと受けてもらいたい研修がある」

といって、ビジネスマナー講座の資料を渡したのです。

「これは私だけが受ける研修ですか？　なぜ他の受付スタッフは受けないのに、私にだけ受けろというのですか」

「君に対するクレームが、今週だけで三件入っているんだ」

「クレームが入るといいますが、私は一生懸命仕事しています。ここの患者さんがわがままなんです。患者さんが普通にしてくれたら私だって普通に接します」

いつもは温厚な院長も、マスク越しに次第にきつい口調になっていきます。

「患者というのはわがままなものなんだ。それをうまくあしらえないのであれば君の処遇を考えなければならない」

「私のことを、いろいろと院長に告げ口する人って誰なんですか」

久絵は何かたくらんでいるようで目をギラギラさせはじめました。

「こういうのは、告げ口とはいわんだろう。いろいろ問題があるようだから気をつけて欲しいだけだ」

そういった瞬間、久絵は顔を真っ赤にして「じゃあ、私を解雇してください」といってきました。驚いたのは院長です。

「解雇ってなんだ。誰も辞めて欲しいとはいってないよ。ただ気をつけてくれといっただけだ」

「これは立派な嫌がらせですっ」

久絵はヒステリックに叫んだ後、「解雇ですからねっ」といい残し病院から出ていきました。それから一週間、久絵とは一切連絡がつかなくなりました。

＊＊＊

院長は私に「こういう場合は解雇になるですのか」と、相談してきたのです。

注意したとき、院長に解雇の意思があったのかどうか訊ねたところ、「注意して久絵君のよくない部分を改めて欲しかっただけだ」という回答があったので、解雇は成立しないと判断しました。それにしても「退職します」ではなく、自分から「解雇してください」とは、なんとも不思議な話です。不思議に思いつつも、今後の対応としてまずは出勤していない久絵さんに文書で退職の意思があるのかどうか確認するよう伝えました。

院長はさっそく文書を出したところ、久絵さんから返事がきました。

「失業保険を受けたいので離職票を送ってください」

信じられませんがたった一行だけでした。しかし、そこでモメたくなかったので、私はさっそく退職手続きをし、離職票を久絵さんの自宅に送付しました。でもそれで、すべてが終わるとは思えません。嵐の前の静けさのような気持ちでした。

それから三日後、ハローワークの給付担当官から私の事務所に電話が入りました。

「実は大和田久絵さんという方が失業保険の手続きに来られているのですが、離職理由について自己都合ではなく、同僚から嫌がらせを受けて、挙句の果てに院長から解雇されたといっているのです。事実確認していただけないでしょうか」

私は担当官からの電話を受けた後、すぐに、院長と話をしました。やはり、嵐はやって来たのです。

「大和田さんは、解雇だとハローワークでいっているようです。同僚からの嫌がらせもあったと」

「こういう場合、どうしたらいいんだ。一体何のためにそんなことを」

なぜ、久絵さんはわざわざハローワークでそんなことをいい出したのでしょうか。ご存知の方も多いかと思いますが、失業保険（正式には失業等給付）とは、雇用保険の被保険者が会社を退職した際、次の就職先が見つかるまで所得保障の名目でおよそ三カ月間ほど、従前の給与の六割程度を受給できる制度のことです。離職理由が自己都合だと、給付制限がかかりすぐに給付は受けられず、三カ月経過した後、給付が開始されます。ところが離職理由が会社都合（つまり解雇）であれば、七日経過後に給付が開始されるのです。

久絵さんは、これに目を付けたような気がしてなりません。しかし、これは立派な詐欺行為（不正受給）なのです。院長にしてみれば「自分で勝手に辞めていって、それで解雇になるというのはあまりにもムシが良すぎるのでないか」とやるせない気持ちでいっぱいです。

「自己都合であることを、証明できるものがありますか」

と私が訊くと、「そういえば」と、美奈子さんがパソコンから一枚の用紙をプリントアウトしました。それは、久絵さんが出社しなくなった後の日付で、美奈子さん宛に出したメールでした。

「美奈子さんへ　私が会社を辞めることになって、さぞかし気分がいいことと思います。でも、あなたにいい残したことがあるので、メールを送ります。思い通りに私が辞めることになって良かったですね。せいぜい院長と仲良くやってくださいね。でも、同僚の話を上にチクるなんて、サイテーだと思います。友達なくすよ！　私が毎日受付で、ワガママな患者さんを相手にどれだけ大変な思いをして、ストレスを溜めていたかを知りもしないで、私のちょっとしたミスだけを集めて、いちいち報告するなんて。自分のやったこと、わかってる？チクリは卑怯な行為だよ。こんな病院、私からオサラバします。もうやってられない。二度と顔を見ることもないでしょう。さようなら！　私を怒らせると怖いからね」

その文面を読みながら、頭が痛くなってきました。

「私からオサラバ」って、おいおい、自己都合だとわざわざ証拠を残しているようなものじゃないの!?　私は院長と美奈子さんの許可を得て、その手紙をハローワークの担当官に渡し、事の経緯をすべて話しました。担当官は苦笑いしながら「了解しました」と納得してくれました。

今回の件は私も非常に勉強になりました。院長は久絵さんと二人きりで話をしたのですがこれは危険な行為です。〈シュガー社員〉は自分を守るためなら役者になれるのです。今回はメールが残りましたが、何も残らない場合はどうなっていたでしょうか。

院長には今後、従業員を注意するときは必ず二人きりではなく誰か同席させるようアドバイスしました。

平成19年10月より、次のように雇用保険法が改正しました。

被保険者資格及び受給資格要件の一本化
（平成19年10月1日以後の離職が対象）

短時間労働被保険者（週所定労働時間20〜30時間）の被保険者区分をなくし、被保険者資格と受給資格要件を一般被保険者として一本化。

［旧　］　短時間労働被保険者以外の一般被保険者6カ月で受給権発生・
　　　　　短時間労働被保険者12カ月で受給権発生。

［改正］　被保険者期間が離職前2年間に12カ月以上で受給権発生。
　　　　　解雇・倒産の場合、被保険者期間が離職前1年間に6カ月以上で受給権発生
　　　　　（各月11日以上）

改正前は被保険者期間が6カ月以上あれば失業給付を受給できましたが、改正後は安易な

離職を防ぐため1年間の被保険者期間がなければ受給権が発生しなくなります。ところが離職理由が解雇（会社都合）だと6カ月の被保険者期間で受給権が発生するのです。

今後、注意をしただけなのに「解雇された」という〈シュガー社員〉が増えてくるように思えてなりません。後々のトラブルを避けるためにも社員に注意をするときは、一対一は避けてください。

久絵さんの残した爪痕はこれだけではありません。「院長に告げ口した」と恨まれた美奈子さんはすっかり元気を失くしてしまいました。確かにあのメールは幼稚な内容です。しかも、「チクる」とはどういうことでしょうか？　久絵は、職場を女子大時代の延長のように考えている節があります。友達同士の秘密を、誰かにチクるのはルール違反でしょう。しかし、同僚の仕事上の問題を上司に相談や報告するのは、少なくとも「チクリ」とはいいません。業務を円滑にするための当然の行為です。むしろ、同僚同士で仲良くなり過ぎてお互いのミスを隠し合うようになったら、会社のモチベーションは低下します。やる気のない社員同士が、仲良しクラブのようなものを形成してしまった会社は、絶対にうまく回っていかないのです。

このように、俺リスペクト型〈シュガー社員〉は、自分の立場を客観的に判断せずに、「誰かに足を引っ張られている」「やっかまれていて、仕事がうまくいかない」という幻想をしばし抱くようです。そのまま妄想に駆られていられるのなら、結局、最後に困るのは自分なのだとどこかで気づいてもらいたいものです。

【俺リスペクト型シュガー社員】の対処方法

大切なのは自分。大好きなのも自分。そんな自分のためには、とことん甘い――極甘な〈シュガー社員〉が、このタイプでしょう。

カラオケに行っても、上司からの「おい、一緒にチャゲアスを歌わないか」という誘いを無視し、どっぷりと自分が大好きなアーティストの歌だけ熱唱します（ふだんから同じ歌ばかり歌っているので、結構上手です）。しかも重症になると、「ねえ、アユの詩って（男子の場合は、未だにオザキとミスチル）、どうしてこんなに私の人生とカブるのかなあ？　まるで私のこと、全部知っているみたいだよね？」などと、わけのわからないことをいいながら一人で盛り上がります。自分の番の直前で終了時間が来ようものなら、とたんに機嫌が悪くなり、「なんで四番まである歌なんか選ぶわけ？」と前の人を責めるのです。

とにかく自分が大好きな、俺リスペクト型〈シュガー社員〉は、自分が損をするのが大嫌い。仕事ができないのが一番の特徴ですが、それは会社が自分の本質を理解していないからだと、すべて相手のせいにします。その上、金銭や権力の匂いにはなぜか敏感です。自分のことを鼻にかけ、優遇されなければ会社の批判ばかりします。処遇が悪いとすぐに転職を考え、周りには華麗な転職であることを匂わせながら退職していきます。また、退職するときに、その不満を一気にぶつけるケースも多いようです。そして新しい会社では、いかに自分は、前の職場で「すごい人間」だったかをアピールし、新卒の場合は学生時代の自慢話を事あるごとにするので、煙たがられる存在です。

入社の際に、このタイプの見極めができるとしたら、履歴書の写真ではないでしょうか。まるでプロのカメラマンに撮ってもらったような、実物よりもかなり美しく写っている写真を貼っている場合は、要注意です。また、面接の時に、前の会社を批判し「でも御社なら、自分の実力を生かせるはずです」と自信たっぷりにいう人も危険でしょう。もちろん、自分のことが大好きでも、仕事がバリバリできるのならば、〈シュガー社員〉には当てはまりませんので、誤解のなきように。

俺リスペクト型〈シュガー社員〉の対処方法は、本人のプライドを傷つけないことが大切です。「あんなに自信たっぷりだったのに、仕事ができないじゃないか」などとストレートにいうのは、良い結果を生み出さないでしょう。「あんたに一体何がわかるんだ！」と、ナイフのように権力と闘います（このへんもオザキイズムです）。

正面きって反撃をしてこない、陰湿な性格の持ち主の場合は、ブログや2ちゃんねるに、あることないことを書き込みます。その半面、自分の権利には忠実です。時間外手当や年次有給休暇の権利は１００パーセント主張してくるのです。ですから、処遇の面で不備があってはなりません。よく、ビジネス系雑誌には、「褒めて伸ばす」とか「叱って伸ばす」というようなテーマで部下のモチベーションをどうやって上げるか、という特集が載っていますが、このタイプは、褒めても叱っても、効果はあまり期待できないでしょう。褒めれば褒めた分だけ図に乗り、叱れば叱った分だけ逆上します。うっかりこのタイプの社員を十年以上会社に置いておき、出世させなければ「俺を飼い殺すつもりですか」と暴れられ、出世させれば今度は、周囲の社員から、「なぜあんな人が係長に？」とブーイングの嵐が起きるでしょう。

やっかいですね。

この場合、会社が直接本人にいろいろというのではなく、社員からの評判を本人に聞かせるのも一つの手です。

労務管理には、「３６０度評価」というものがあります。これは、人事考課の中の手法の一つで、社員全員が全員を評価し合う、というものです。上司という一方向からではなく、社員同士、つまり多方向から評価がされるためこのように呼ばれています。人数が多い企業だと、名前も知らない人がいて誰が誰だかわかりませんが、わからない人には通常は「普通」という評価が下されるはずです。ところが評判が悪い人は、皆からの評価も低くなります。

しかし、先に述べたような、「仕事のできない仲良しクラブ」が存在する会社では、この方法すら向いていないでしょう。〈シュガー社員〉の組織票によって、仕事のできない人の評価がなぜか高くなってしまい、社内が混乱する可能性があります。

いずれにせよ、人事担当者には高度なテクニックが必要になってくるということです。

タイプⅢ　プリズンブレイク型シュガー社員

事例1

「私にこれ以上仕事をふらないでください」

稲田翔子は不動産業のM社で事務の仕事をしています。入社して二年が経ちますが未だに自分がするべき仕事の領分を把握できていないようです。すべてにおいて、いわゆる「指示待ち」状態なのです。

たとえば、社長に「今日の11時に、得意先のYさんが来るからよろしく」といわれても、「はい」と答えるだけで、何も動きません。

Yさんが来れば、応接に案内はしますが、その応接は冷房が効いていなければ、電気も付いていません。挙句の果てに、前のお客様のときに出した湯呑みがテーブルにそのまま置いてある状態でお通しする始末です。つまり彼女には、「Yさんが来るからよろしく」だけでは、何も通じていないわけです。「Yさんが来るから、応接の冷房を入れて、テーブルをきれいにしておいて」というところまで伝えなければ、何もしません。いわゆる「気が利かない」タイプなのです。

入社したての頃は仕方がないと多少は多めに見ていたのですが、二年が経った現在のほうが、緊張感が抜けた分だけたちが悪くなっているように思えます。

雨でずぶ濡れになったお客様が見えても、何も感じないらしく、タオルを差し出すどころか、「雨の中をすみません」などといった気の利いた言葉はいっさい出ない。不動産業にとっては何よりも大切な契約書の扱いもとても雑。机の上に広げたまま昼食に出てしまうこともしばしばです。酷いときには、大事な社印がその辺に転がっていることも。「おい稲田、これは我が社の命なんだよ。しまわずに席を離れないでくれと、何度いったらわかるんだ!」

と営業の香川が注意しても、また数カ月もすれば、同じことを繰り返しているのです。営業の先陣を切ってバリバリ仕事をしている香川は、いわばこの会社の顔。お客様に迷惑が掛かったら、恥をかくのは彼なのです。そんな彼の立場など知る由もなく「あ、そうでしたよね。すいませ〜ん」と、の〜んびり席に戻ります。

悪い子では、ありません。気が回らないだけなのだ。悪気はないんだ……香川は、こちらも丁寧さに欠けていたのだ、と自ら反省し、翔子用のマニュアルを作成することにしました。

1 来客があるときは、事前に応接の冷暖房を準備。外が暑い時は麦茶、寒いときはコーヒーを出す。

2 会議のとき、会議室の机をコの字型に並べておく。時間がお昼にまたがるときは、弁当が必要かどうかを香川に確認すること。（三角弁当℡123-4567）（冷暖房も確認）

3 弁当を出すときは、その前にお茶が出ていても、茶を出し直すこと

4 H社に書類を送るときは、宅急便は使用しない。必ず簡易書留で

5 電話は必ず、相手が切ったのを確認してから切ること

6 契約書や請求書・領収書は出しっぱなしのままで席をはずさない……etc

——くそっ。こんなことまで書かなきゃダメかよ。迷った挙句、最後にこんな一行も付け足しました。

12 トイレットペーパーが切れそうになったら、予備を準備しておくこと

　というのも先日、女性のお客様が「すみません、トイレを使わせていただこうと思ったら、ペーパーがないのよ」と小声で翔子に訊ねていたとき、「ああそういえば、さっき私が使ったときに終わっちゃって、買いに行かないともうないかも〜」と平然と答えていたのを目撃したからです。

　このマニュアルを差し出したら、ああ見えてナイーブなところのある翔子のことだから、もしかすると、「私のことを馬鹿にしているんですか」と機嫌を損ねるかもしれないぞ、とヒヤヒヤしましたがそれは杞憂《きゆう》でした。

「あ！　嬉しいな。こういうのって助かります。やっぱりマニュアルがあったほうがいいですよね、仕事って。デスクに貼っておきまあす」

　とマニュアルのレベルの低さは棚に上げて、いっぱしの口を利くので、香川はひっくり返りそうになりました。

　さて、これで少しは仕事がスムーズになるかと思いきや、香川だって、ファーストフード店のようなマニュアルを作成したわけではありませんから、当然、マニュアル外のことだって発生します。

　五人の来客があったときに、「すいませーん、コーヒー切れちゃったんで」と、二人に先に出して、あとの三人には三〇分遅れで出していたり。香川の妻の体調が悪く、会社を休ん

だときも、お客様の電話に、「香川さんトコ、奥さんが出産してからずっと体調悪いんですよね。だから今日は看病でお休みでーす」とそのまま伝えてしまうのです。その事実を知り、さすがの香川も堪忍袋の緒が切れました。

「稲田！　馬鹿正直にいうことはないんだよ。今日は一日出張に行ってますとか、どうしてそういうフォローを入れてくれないんだ！」

「無茶苦茶なことをいわないでくださいよ。なんで本当のことをいっちゃいけないんですか？　奥様の看病をしているなんて、いい話じゃないですか。もしダメなら、マニュアルに追加してください」

「それくらい、考えればわかることだろう！　俺がマニュアルを作ったのは、君に自分の気の回らなさを気がついてもらいたかったからだ。だけど君、全然変わってくれないじゃないか。いつまでも、雑用ばかりやっているのもつまらないだろう？　もう少し自分自身が成長して、一人で契約書を作成できるくらいにはなったらどうなの？」

「ええっ。香川さんは、私に契約業務までさせるつもりだったんですか。私、今の仕事をつまらないと思ったことないし、ていうか、私はこういう事務職が好きなんで、これ以上新しい仕事を押しつけないでもらえますか」

「甘ったれるのもいいかげんにしないか！」

次の日、翔子から退職届が出ました。

「これ以上仕事が増えると、私の能力では対応できないので」

というのが、社長に告げられた主な理由だったそうです。

＊＊＊

先にご紹介した俺リスペクト型と対称的なのが、彼女のようなプリズンブレイク型〈シュガー社員〉の存在です。

基本的には、真面目で実直。俺リスペクト型のように自分の能力を過信してはいません。むしろ自分に核となる自信が持てず、周囲の反応を伺いながら、「ヘマはしないようにしよう」とすることが裏目裏目に出るタイプなので、ちょっぴり可愛気もあります。しかし、基礎体力や忍耐力、もちろん実践力もありませんから、どんなに低い壁も乗り越えるのが大変……まさに「プリズンブレイク」なのです。


香川さんはその後、外食チェーンも顔負けの、カテゴリー別の大層わかりやすいマニュアルを作成し、私に「一度確認して欲しい」と持って来られたのです。専門家でもないのに、これだけ細かな内容のものを作れるなんて、と私はそのマニュアルを拝見しながら香川さんのガッツに感動しました。これならば、再びプリズンブレイク型〈シュガー社員〉が現れても、今度はうまくいくかもしれません。しかし、と香川さんは続けます。

「このマニュアルを手元に置けるのは、入社後三カ月までとします。その後は、マニュアルを取り上げ、自分の頭で考え行動するように指導していくつもりです。それができないのなら、この会社では無理だとハッキリ伝えるつもりです。どこまでうまくいくかはわかりませんが、やってみます」

香川さんみたいな社員こそ、会社は大切にしないといけません。

細かなマニュアルを社員に与えるというのは、実は諸刃《もろは》の剣です。冷静に考えればわかるようなことでも、翔子のように、「そんなことマニュアルに書いてなかった」「教えてもらっていません」といい張る社員がかならずや出てきます。ただ渡すだけでは、トラブルの元になることもしばしばあります。

事例2

「これだけ資格を持っているんだから」

大和田譲二は子供の頃から勉強熱心でした。一つのことへの集中力は、クラスでも抜きん出た素晴らしいものを持っていましたが、長続きしないのが欠点といえば欠点でした。

高校卒業と同時に、譲二は自衛隊に所属しました。陸ではなく海だったので、長いときには半年もの間、海の上で勤務をしていました。そして、一〇年ほど勤め上げた後、「そろそろ外の世界も見たい」と考え、自衛隊を退官しました。

無線、大型免許、小型船舶、危険物取り扱い、救命士、潜水、語学……自衛隊にいる間に取得した資格や免許は、数知れず。

あっという間に履歴書の資格欄が真っ黒に埋まり、それでも書ききれないほどです。これならば、退官しても民間企業で人並み以上に仕事をしていけるに違いないと思うのは、まあ無理もないでしょう。譲二は、新聞の求人欄から仕事を探すことにしました。新聞の求人欄は、街中で手軽に買える求人雑誌や携帯サイトとは違い、募集広告の費用がケタ外れに高いと、いつか先輩に聞いたことがあったからです。「求人にお金をかけられる会社が、きちんとした会社だよ」という言葉に納得したのです。一般企業のデビューが人より遅い分、自分に回り道は許されない。就職先の見極めはきちんとしなければ……つまり譲二は、大手企業にだけ狙いをつけたのです。

さっそく大手建設会社の面接が決まりました。良くも悪くも、面接官達は「元自衛官」という肩書きに興味津々のようでした。彼らの関心に応えるべくハキハキと返事をします。自衛隊時代に培ってきた発声方法でお腹から出す声は、面接会場にこだましました。

「ずいぶんと資格をお持ちですね」

一人の面接官が感心したようにいいます。よし！　譲二は心の中でガッツポーズをしました。想定通りの展開です。

「はい。自衛官の中でも、自分ほどいろいろな資格を持っている人間はあまりいないと思います。何せ、一〇年もおりましたから。何にでもチャレンジしました」

面接官のメガネの奥がキラリと光りました。

「ところで、この中で実務経験のあるものはどれになりますか？」

お、おえ～？　実務？　あるわけないよ。全部ペーパーと、実技。それだけじゃダメ？

「う～ん、資格だけじゃぁねえ。申し訳ありませんが、今、我が社で必要としているのは即戦力になる人物なのです。しかも、あなたは年齢的にもねえ、新卒と同じ扱いというわけにはいかないでしょうし」

結局、不採用でした。自信たっぷりに書いた履歴書を戻されるのは、まるでホワイトデーに贈ったクッキーを戻されるくらい屈辱的でこっぱずかしいものです。手がじっとり汗ばみます。

「なんだ、あの面接官は。ひょろっとして、あんな男は、自衛隊じゃ一日だってモタないぞ」

しかしここで譲二は学習をし、次に面接に行った会社では、その会社に必要とされているであろう資格だけを、あえて履歴書に書いて面接に臨みました。ここも出だしは好感触です。

「いつ頃から働けますか」といわれ、「はい。明日からでも」と答えればいいものを、変な見栄がこう答えさせます。

「ええとですね、友人に頼まれた仕事が今週いっぱいありますんで、来週からなら、なんとか大丈夫ですかねえ」

とたいした用事は書き込まれていないスケジュール帳を開きながら、首を傾けてみます。暇を持てあましているプータローだと思われたら、馬鹿にされるような気がしたのです。それが功を奏したのか、「では来週からいらしてください」と、その場で即決されました。

さて仕事初日。さっそく現場に連れて行かれます。駅前の再開発に伴う、大きなビルの大がかりな改修工事でした。譲二はここで電気配線の作業を担当することに。線をトランス（安定器）と結ぶ作業ですが、現場監督が簡単な指示をした後、その場所からいなくなってしまいました。

電気工事士の資格はもう何年も前に取得したもので、実は、図面を見ながら線を繋いでいくのはこれが初めての経験でした。

どうやっていいものか。現場監督を探しに他の階をうろついていると、他社の電気工事士を発見。恥を忍んで拝み倒し、一からやってもらったのです。

「お前、なんでこんなことも知らねえでここにいるんだ?」

譲二はそこで初めて、資格と実務が別物であることに気がつきました。それでも頑張って、徹夜をして当時の教科書を読み直し、工期に間に合うように配線し続けました。

そして無事になんとかやり終え、試験点灯の日。譲二の担当した階だけが、電気の届いていない蛍光管があり、現場監督がすっとんできました。配線ミスでした。

「こんなミス、お前、ド素人だよ」

周囲の冷たい視線の中、譲二は泣きながら何百という配線を直すはめになりました。譲二さんは、配線を直し終わるとすぐに辞表を提出したそうです。

＊＊＊

私は、友人との飲み会の席で譲二さんと知り合い、彼の悩みを聞きました。

「あんな恥ずかしい思いはもうしたくない。たとえ実務経験がなくても、すぐに資格が通用する仕事って何でしょうね。だって、これだけのキャリアと資格を持っているんだから、俺がそのへんのフリーターと一緒にされるなんて、ありえないんですよ」

残念ながら、実務経験がないのに、資格だけですぐに経験者と同じレベルで働ける仕事など、あるわけがありません。譲二さんの読みは相当に甘かったのです。自分で取った資格に縛られてしまい、そのせいでもがいている気がしてなりません。

本当はプリズンブレイク型〈シュガー社員〉であるのに、資格という鎧《よろい》で、バッチリ武装していると思い込んでいるのです。もちろん資格を持っているのは素晴らしいことです。しかし、どんなに頑丈な鎧を被ったところで本人の体力がなければ、戦う前に鎧の重さでバテるのがオチです。

事例3

「プチうつになっちゃったみたいで」

面接会場（新卒者）
イマドキ珍しいほどの初々しさ…絶対真面目に働くぞ!!
この子はイイ
中年の皆さんはお忘れですね。遅咲きデビューの娘ほど、恋にハマると仕事ができなくなるのです。
2年後ーー
まゆももヤル気もやせ細る。
また?
あのう…体調悪いんで早退したいでーす♥
プチうつかも!?
なぜ君は早退する日はいつも、フレアスカート?

岡田奈々子は、北海道のある都市で、タウン誌の編集長をしています。地域密着型のニュースや、新しくオープンした店や施設があれば、取材をし、記事にしていきます。最近は店の移り変わりが激しくて掲載する頃にはもう、別の店になっていたなどという笑うに笑えないこともあります。それでも、地道な取材と様々な情報を盛り込むことで、固定の読者がついていました。

記者の天野なつきは、短大を卒業後、奈々子の会社に入社しました。なんといってもまだ21歳ですから、四六時中キャピキャピしているんだろうなあと思いきや、意外なほどに地味な服装でブランド品らしきものも見当たらず、性格もおとなしく、家と会社の往復で一日を終わらせているようなタイプでした。

仕事ぶりは真面目で、電話応対なども丁寧。しかも、「私もいつか編集長のようにバリバリ仕事ができるようになりたいです」といって奈々子を喜ばせます。イマドキこういうタイプは珍しいわよね。しっかり育てなくっちゃ……奈々子にとって、なつきは妹のような存在になっていきました。

それにしても21歳というのは、なんと様々な可能性に満ちているのでしょう。ほぼすっぴんで出社しているなつきの肌は、桃のように薄いピンク色でうぶ毛が光り、笑うと白い歯がきれいに整列し、短く切った髪からは若さが漂っています。テレビ番組の変身コーナーに出れば、間違いなくバケるタイプですが、変身願望もそれほどないようです。仕事仲間のカメラマンからも、「お前、色気ゼロだな」「男の子みたいだな」と、聞く人が聞けばセクハラ発言でも、そういわれると、なつきはむしろ嬉しそうに笑っていました。

しかし、それから一年半が過ぎた頃。断続的にマイナーチェンジをしてきたなつきの姿を改めてまじまじと見て、奈々子はハッとしてしまいました。色っぽいのです。肩まで伸ばした髪は栗色に染められ、流行の柄のワンピースを着て、マスカラを塗った睫毛はこれでもかというくらい持ち上がっています。少しはファッションを気にするようになったとは思っていたけれど、いつの間に……そういえば、話し方さえ以前よりも甘ったるく語尾を伸ばすようになった気がします。まあ、悪いことではないわ。キレイになったんだから。奈々子は、それ以上の詮索をやめました。


しかし、それから数日後、デスクを任せている美晴から奈々子は相談を受けたのです。

「あの子、どんどん使えない子になっている気がする」

「どういうこと？」

「今日もね、取材先での待ち合わせ、三〇分以上も遅れて来たの。連絡もなしよ。だけど、遅刻してきたくせに化粧はバッチリ決めてるの。頼んでいた下準備の資料やテレコも持たないで。これは編集長にいおうかどうしようか迷っていたんだけど、あの子最近、取材中も携帯電話がオンのままなの。ちょっと手が空けば柱の影でメール打ってるわ。ここに入った頃は、そんな子じゃなかったよねえ。編集長から一度注意してもらったほうがいいかもしれないと思って」

しばらくの沈黙の後、奈々子と美晴は同時に声に出していました。

「男だな」

奈々子の勘に狂いはありませんでした。その翌日も、なつきが出社したのは昼過ぎでした。もともとタイムカードのないオフィスとはいえ、そこまでの遅刻を見逃すわけにはいきません。ここぞとばかりに、奈々子は彼女を呼び出しました。

「最近ちょっとたるんでないか？　待ち合わせに遅刻したり、仕事中も心ここにあらずだったり。何かあったの？」

「はあ。気をつけます」

「気をつけますじゃなくて、何があったのか、いって欲しいのよ」

するると、意外な答えが返ってきました。

「実は私、プチうつなんです」

「へ？」

何プチうつって？　奈々子が顔をしかめます。

「朝、時々、仕事に行くのが嫌になって起きられないんです。でも私の場合、嫌になっても少し経てば大丈夫なんで、本物のうつではなく、プチうつみたいなんです」

「それは病院で診断されたってこと？」

「いえ、この前読んだ雑誌でそう書いてあったから」

「それだけ？　なんで病院に行かないの？　行かなければ本当にプチうつかどうか、わからないじゃないの」

するとと、なつきはケラケラと笑いながらいいます。

「だから〜、プチうつは、病院へ行くほどのことじゃないんですよ。しばらく様子を見ますから、心配してもらうほどのことじゃないです。でも、人とはあんまり会いたくないので、来月号からは、私にはあまり取材を入れないでもらえますか。ストレスになっちゃいますから。あ、ネットで調べるだけで書ける原稿は、いくらでも書きますから」

それにしても、この子はいつからこんなバカっぽい物言いをするようになったのだろう？　診断書も出さずに、勤務体制を変えてほしいと申し出るなんて、ずいぶんとなめられたものです。


その後、事件は起きました。

奈々子が仕事先の人と、最近オープンした話題のイタリアンレストランで食事をしていると、背後から聞き慣れた声がします。そこで、いかにもチャラそうな男とワインを飲みながら楽しそうに喋っているのは、夕方、「ちょっと今日、偏頭痛がするので帰ります」と早々と店じまいをしたなつきでした。「今日さ、なつきの家に泊まってもいいかな」「いいよ。今日はちゃんとお部屋も片付いているよ。さっきバッチリ掃除してきたんだ」などと、奈々子がいることも知らずに大声で話しています。

「アイツ…」

その場で引っ叩いてやろうかと思いましたが、必死に怒りを静めました。しかし、それだけでは終わらなかったのです。なつきは、なんとその店のその日付の領収書を、「取材費」として会社に請求したのです。

もちろん奈々子は、これについてはお説教をしました。しかし、なつきはいうにことかいて、

「プチうつは、家でおとなしくしているほうが気が滅入ってくるんで、たまにはお店の潜入取材に、お友達を連れていこうと思っただけなんですけど…」

「プチうつじゃなくて、恋の病なんじゃないの？　彼に振り回されて、仕事とプライベートの区別がつかなくなっただけにしか、私には思えないわ」

「さすが編集長。そうかもしれないです。恋と仕事の両立が難しくて、プチうつになっちゃったのかもしれません」

と、話し合いの最後までなつきは「プチうつ」を強調したそうです。

＊＊＊

恋と仕事のせめぎ合い。どっちも大事だけど、どっちもちゃんとこなすのは無理よ！と、その壁をうまく乗り越えられない、若い女性社員は意外と多いのです。しかも、どちらかというと、学生時代に恋をしなかった、おとなしい「遅咲き」タイプのほうが、プリズンブレイクを起こしやすいようです。

「私はもう、なつきには何も望んでいないの。少人数でやっているウチみたいな会社にとって、彼女は迷惑社員以上の存在よ。粗大ゴミ。でも、正社員だから、早々クビを切ることはできないわよね？　この前の領収書事件だって、こういう雑誌の取材の定義って、あってないようなものだから、『横領だ』とはいい切れない部分があるし。あの子に辞めてもらう方法はないのかしら？」

奈々子さんは、がっくりと肩を落としながら私に相談をしてきました。ただサボっているだけならともかく、自己申告とはいえ、病気を持ち出されると問題はまた複雑になります。〈シュガー社員〉は自分を守るためならどんな武器でも使用します。遅刻ばかりする〈シュガー社員〉は「朝起きられないのは血圧が低く、これは遺伝なので仕方ない」といい、休んでばかりいる〈シュガー社員〉は「カゼを引きやすく体が元々弱い」といいます。

ならば、入社前に履歴書に書いてある「健康状態　良好」はウソなのでしょうか。

病気を言い訳にするなどもってのほかですが、健康状態は本人と医師でなければわかりません。診断書が出れば「仮病だ」ともいえません。人数に余裕のある大企業であれば誰か休んでも穴埋めは何とかできますが、少ない人数でやりくりしている企業は、一人欠けただけでも現場が混乱する場合があります。

そもそも、企業が社員に対して給与を支払うというのは、どういう事なのか、改めてここで考えてみましょう。

「会社に雇用されている＝給与が支払われる」ではないはずです。「給与が支払われる＝会社に雇用されている＋健全な労働力を会社に提供する」という義務を労働者は担っているのです。

病気により欠勤や遅刻、早退を繰り返すことが、健全な労働力を会社に提供しているとは到底思えません。しかしながら入院しなければならないような重病から、今回のような自己診断型の病気もあり、企業としては病気の程度により対応に苦慮するところではあります。

病気といって遅刻や欠勤を頻繁に繰り返す社員を解雇できるかということですが、手順をきちんとふめば解雇は可能です。

労務提供の不能、困難、不安定は解雇をするための「客観的に合理的な理由」として認められています。ただし、いきなりの解雇ではなく、やはり最初に注意、指導、監督と企業努力も要求されますので専門家（弁護士、社会保険労務士）に相談しながら慎重に進めてください。

事例4

「俺のこと、もっと上手に使ってくださいよ」

シュガー社員のヒデ君。名前のせいか、中田英寿にものすごく悪影響を受けている。
専務、俺の使い方間違ってません!?
それは部長の采配ミスでしょ
真似るなら才能を真似てみろ!
バカモン
そしてある日突然出社しなくなったヒデ君…
オマエ、何で会社に来ないんだ?
やだなぁ俺のホームページ見てくださいョ
ひでずねっと
○月×日 CHAO! 俺は会社を辞める。今までありがとう。
またカタチだけ真似を…

上田秀樹は自動車整備の専門学校を卒業後、中古車買取専門店に営業として入社しました。車の知識は豊富にあるのですが、どうも整備には向いていないような気がして、同じ知識を生かせる中古車販売に興味を持ったのです。

秀樹の会社はコマーシャル戦略で事業拡大中です。FMラジオのスポンサーをしているので頻繁にコマーシャルが流れ、会社のフリーダイヤルには車の査定依頼が次々と舞い込みます。

秀樹の仕事は、こうした車の査定を行い、下取り価格を出して、客がそれで納得すれば車の名義変更を行い、お金の振込み手続きをするという、至ってシンプルなものでした。

とはいえ誰でもできる仕事ではないんだ、と秀樹は胸を張ります。中古車ですからどのような過去があるのかしっかり見極めなくてはなりません。状態がいいと思っていても事故歴があったりすると、査定ではマイナスになります。最近では技術が高度になったゆえ、事故車であっても、なかなか見破られない工夫が施されているものもあります。

秀樹は、査定の眼力には自信がありました。子供の頃からとにかく乗り物が大好きで、自動車専門学校でもメカ博士といわれるくらい、車には詳しかったのです。

そんなある日、秀樹が不在中に、以前車の買取りをした客のMさんから「電話が欲しい」と連絡が入りました。もうすべて終わっているはずなのに何だろう、どうせたいした用件ではないだろうなあと、忙しかったせいもあり、三日ほど電話をしませんでした。すると、またそのお客のほうから、怒鳴り声で電話がかかってきたのです。

自動車税は毎年4月1日現在の車の名義人に対して納税通知書が届きます。車の買取りをしたのは5月中旬でした。秀樹はその客に「車の納税通知書は届いても無視していればいいですから」と伝えました。車の納税通知書を無視しても、その後、役所で確認をし、新しい所有者に納税通知を送付するので、問題はないのです。ところが、その客というのは自動車税を自動引き落としにしていたらしく、知らぬ間に銀行口座から引き落としをされてしまったのです。秀樹には初めてのトラブルケースでした。それでも冷静を装い、「でも、還付できるでしょう。還付手続きを道税事務所で行ってください」と伝えました。これでいいかと思いきや、再び電話が入ります。「自動車を抹消すれば税金は還付できるが、そうでない場合は新しい所有者から税金をもらって欲しいと役所からいわれた。一体どうなっているのだ」と、すごい剣幕で怒っています。

買取りをした車は、すでに別の人に転売され、名義は変わっています。慌ててその新しい名義人に連絡をしますが、のらりくらりとかわされて、何度電話をかけても支払いの意思を見せてくれません。

Mさんからは、「どうなっているんだ」と毎日のように電話があります。でも、何も事態が動いていないので、秀樹は事務の女性に頼んで居留守を使うことにしたのです。もちろん、「折り返してくれ」というメッセージも無視しました。

数週間後、秀樹は上司の久保田部長に呼ばれました。とうとうバレたか、と覚悟を決めましたが、事態は予想以上に悪い方向に動いていたのです。Mさんは、秀樹の会社がスポンサーをしているラジオ局に、「なぜこんなに酷い会社の宣伝をするのだ」とクレームをつけたのです。

なんて客だ！　秀樹は舌打ちをします。

「Mさんは、上田がまったく電話に出てくれないと怒り心頭だ。当然だろ？　途中経過でもいいから、今どうなっているかをこまめに連絡してこそ営業だろう！」

そんなことをいわれても、秀樹には不本意です。事務手続きには問題はありましたが、きちんと正しい査定で名義変更もやっています。会社に損は出していないはずです。しかし、久保田はさらに続けました。

「車の名義変更には印鑑証明がいるだろう。車を買い取ることを決めてから、引き取りに伺うまで数日かかることもある。最初の電話でいっても、お客様は忘れるよ。車を引き取りに行く前日に電話を入れて、一言いえばそんなミスは防げるんだ。上田はいつも言葉が足りない。だから相手のミスを誘発する。今後気をつけてくれ」

「お言葉ですが」

上田は顔色を変えて、久保田に挑むような目つきをしました。

「お言葉ですが、言葉が足りないから何だっていうんですか？　自分は、車の査定のプロです。査定にかけては、間違ったことは一度もありません。なぜ久保田さんは、そこを評価せずに、重箱の隅を突くようないい方をするんですか？　その辺をもっと理解して、俺のことを使ってもらえませんか？　もうMさんとの一件は、僕の範疇《はんちゅう》じゃありません。そういうことを専門にやってくれる人を探してください」

＊＊＊

「いやあ、おっかなかったよ。部下にあんなに凄まれて、あんな物言いをされたことは今までなかったね。ふだん上田はおとなしい男の子だったのに、突然豹変しちゃうんだもんなあ。上田は自分から辞めてくれたけど、ちょっと注意しただけであんなに人格が変わっちゃうような態度に出る人間は、そもそも会社にはいられないよね」

と、苦笑いをする久保田さんに私はこう答えました。

「プリズンブレイクしちゃったんですね。冷静に考えればたいしたことのないトラブルなのに、よく考えもしないで、『俺には無理』と結論づけちゃう。そして、壁を乗り越えずに、抜け穴を一生懸命掘って、自分だけ逃げようとするんです」

基本的に、秀樹さんも真面目な人なのです。だから、お客をうまくあしらうこともできずに、ただ逃げてしまう。うまく誤魔化しながらフォローするのが良いとはいいませんが、お客様の電話に居留守を使うなど、対応の仕方があまりにもまず過ぎます。プリズンブレイク型の〈シュガー社員〉は特に、トラブル処理能力のセンスがまったくありません。

事例5

「多分大丈夫です」

シュガー社員同士でコンビを組ませて仕事をさせるということは、まるで…
でろ〜ん
メープルシロップたっぷりのホットケーキにソフトクリームをのっけるようなもの…
やまだ
さとう
営業成績表
XX&□□
XX&□□
山田&佐藤
XX&□□
でろ〜ん
…おそらくいける。
多分大丈夫。
…きっとできますよ。
まあまあやれると思います。
甘くてあいまいな言葉だけで打ち合せ終了。

三浦俊二と山崎里美は、二人とも中途採用で、とある中古家具を取り扱うリサイクルセンターに入社しました。俊二は営業として、里美は電話受付としてコンビを組むことになりました。事務所のフリーダイヤルに電話が入ります。

「はい。リサイクル家具センターです」

「食器棚を売りたいのですが」

「何年前に購入したものですか？」

「三年前です」

「大きさはどれくらいありますか」

「幅が1メートル、奥行45センチ、高さ2メートル」

「では見積りにお伺いしますので、ご住所をお願いいたします」

こうしたやり取りまでを里美が行い、俊二に引継ぎます。リサイクルセンターとはいえ客の提示してきた商品をなんでも買取るわけではありません。大型ゴミの回収業者ではないため、きちんと商品価値があるかどうか電話の段階で見極め、営業に繋ぎ、営業は現物を確認した後に改めて金額を提示し、客が納得すれば商品を引き取ってお店に陳列します。

俊二は里美から概要を聞いて、客の家に出向きます。

お客が売りたいという食器棚はさほど使用跡がなくきれいなものでした。ところが、この会社では、お店に並べるのは主に単身者用のコンパクトな商品が主流なのです。立派な食器棚ですが会社のニーズに合いません。丁寧にそのことを伝えます。

「とてもきれいな食器棚ですが、弊社では単身者用を主にリサイクルしているので、ちょっとこちらは引き取るわけにはいきません」

きちんと理由をつけて説明したにもかかわらず、その家の奥様が怒り出します。

「大きさは最初に電話で伝えたのに。だったらなんで電話の段階で断らないのよ」

「え〜。そうなんですか？」

「こっちは新しい食器棚が今週納品になるから、その前に今の食器棚を下げたかったのに、また業者探さなきゃならないでしょっ」

「すみません」

え〜。だって里美は、「それほど大きくないよ」と俺に伝えたのになあ。

このようなミスを、里美と俊二は度々繰り返すようになりました。店長の前田が事あるごとに注意しても、その直後の昼食時間には二人で学生のようにはしゃぎ、まったく反省の色が見受けられません。たまりかねて、「ペアを変えるぞ」というと、「ようやく息が合ってきたところなので、もう多分大丈夫です。これからも二人でやらせてください」と反論します。

そうこうしているうちに、月の売り上げ額が新しく入ってきた後輩ペアにさえも抜かされるようになりました。

前田は、もう限界だと、俊二にはベテランの小林を、里美には営業ナンバーワンの楠木を組ませることにしました。数字が証明しているので、さすがに二人も今回は反論ができなかったようです。さっそく里美が、楠木に説教されました。

「どうして大きさをきちんと俺に伝えないんだ。しかも昭和から使っているタンスだぞ。客の所へ行くだけムダだったろうが！」

「多分大丈夫だと思ったんで」

「多分大丈夫って何だよ？　お前の憶測だろ？　それは」

その次の週は小林が俊二を叱っていました。俊二は、電話で依頼されたものの他に、余計なものまで何の相談もせずに買取ってきたのでした。

「こんなのゴミにしかならないわよ。なんで相談もなく、勝手なことするわけ？」

「多分大丈夫だと思ったんです」

前田は、目を丸くしました。なぜ、別々のところで二人は同じ反応をしているのだろう？

そういえばこの言葉は、二人共通の口癖だった！　何かにつけ、彼らは「タブンダイジョーブ」とオウムのように繰り返していたことを思い出したのです。

その一カ月後、里美と俊二は、二人同時に辞表を提出しました。「仕事のノウハウを覚えたので、二人でリサイクルショップを出したい」というのです。「それに、毎日毎日叱られっぱなしなので、少し考える時間がほしいんです」と里美が続けます。

「おい、本当にやっていけるのかい？　君達が考えているほど甘い世界じゃないぞ」と、親心で引き止めてもみましたが、相変わらず、「多分大丈夫です」と二人して声を合わせます。

もう好きにしたらいい……前田の目には、二人のことが、籠の中のオウムのつがいのように見えてきました。

＊＊＊

「叱られるのが嫌になって、独立とはね…憎めない二人組だったけど、呆れてものがいえませんよ」

そういいながら、前田さんは私に、二人の口癖を真似してくれました。

かくして、プリズンブレイクした〈シュガー社員〉のつがいは、その後見事に独立を果たし、市内に小さなお店を開店させましたが、存続するかどうかは不明です。多分大丈夫ではないでしょう。

〈シュガー社員〉にコンビを組ませると、かならずや仕事先からクレームが舞い込みます。フォローし合っているつもりなのでしょうが、二人揃って逃げ腰なのですから、すぐにボロが出るのです。さらに、コンビを組ませることで、「仕事なんて、こんなものなのだ」と果てしなく勘違いをしていきます。

お互いを高め合うなどという発想は皆無です。しかし、営業職など、成績が数字に出る職場であれば、あえて二人で組ませてその力の差を他の社員と明確にさせるにはいいかもしれません。

【プリズンブレイク型シュガー社員】の対処方法

頑張っているんだけど、頑張っているだけ。基本的には真面目で勉強家。派手に遊んできた経験もなさそうで、一見実直なイメージです。だけど実践力と体力がない。壁にぶちあたると壁を乗り越えられず、楽なほうへ逃げて行く。

プリズンブレイク型〈シュガー社員〉は、すぐに逃げ出すところに特徴があります。諦めが早く、性格もあっさり。まったく粘りがありません。最初は「一生懸命やろう」と意気込むのです。デスク周りも比較的きれいに整頓され、自腹で買った文房具やＯＡ機器を持ち込むなど、準備も万端なタイプが多いはずです。大切に育てられた〈シュガー社員〉の中でも良い家柄の子供や、一人っ子、兄弟がいる場合は末っ子の場合が多いようです。

しかし、ちょっとしたトラブルが起きると、そこから這い上がろうとはしません。七転八起などはもってのほか、たった一度の失敗で勝手に七転八倒し、特に中小企業の社員であれば、短い期間でフェードアウトしてしまいます。せっかく高い費用を投じて採用したにもかかわらず、すぐに退職されては企業にとって打撃が大きいのです。それなりの貢献を期待しても〈シュガー社員〉にはムダということでしょうか。

次の資料を見てください。

〈シュガー社員〉の活躍（?）により、若年層を中心に勤続年数が短縮してきています。社

男性雇用者の勤続年数

	勤続年数		増減差
	2005	1995	2005-1995（年）
平　均	13.4	12.9	0.5
20～24歳	2.3	2.7	▲0.4
25～29	4.8	5.1	▲0.3
30～34	8.2	8.5	▲0.3
35～39	11.7	11.9	▲0.2
40～44	15.2	15.8	▲0.6
45～49	18.6	19.3	▲0.7
50～54	21.7	22.1	▲0.4
55～59	22.6	21.8	0.8
60～64	14.5	13.4	1.1
65歳以上	14.4	12.8	1.6

（備考） 1. 厚生労働省「賃金構造基本調査」により作成。
2. 男性の勤続年数を年齢層別に示したもの。

員の出入りが激しくなれば、当然、人と職場の繋がりが弱くなっていき、会社の体力は弱っていきます。

プリズンブレイク型〈シュガー社員〉の対処法は、早々と〈シュガー社員〉と見抜いて採用の段階で食い止めるのが最良です。残念ですが。「やる気さえあれば採用する」という、器の大きな経営者さんもたくさんいらっしゃると思いますが、「やる気」は、一応皆さん持ってはいるのです。大切なのは、「やる気」の「継続力」、継続させるための能力や忍耐力、体力なのではないでしょうか。

経験者を採用する場合、履歴書と面接だけで採用を決めている企業がありますが、これからはそのような方法では、会社中が砂糖まみれになり、蟻に食べられてしまいます。

きちんと適正検査を行うことが大切です。人事担当者の中には、「以前は適正検査をやっていたが、あまりアテにならない。結局のところ、自分の直観力が一番正しい」と思う方もいらっしゃるかもしれません。

しかし、〈シュガー社員〉は仕事はできませんが、本当に頭が悪いわけではないのです。インターネット等の求職募集サイトでは採用面接を突破するための様々な秘策が掲載されており、模範解答はいくらでも手に入るのです。騙されてはいけません。

適正検査は、わざわざお金を出して外部に依頼しなくても自社でも可能です。まずはこれから募集する職種と、会社で必要としているスキルを挙げてみましょう。「必要なのは、やる気」などという、手垢にまみれたキャッチコピーのようなモットーは今すぐ禁句にしましょう。求人雑誌にも「必要なスキル」が掲載されていますが、それよりも、もっと細かいスキルを挙げてみてください。

私の事務所を例に取りましょう。私の事務所では社会保険の知識や給与計算の知識、そして電話応対、コミュニケーション能力を重視します。また、法改正が多いため、常に勉強熱心で世の中の動きにも関心を持っていなければなりません。それに見合うテストを作成します。中途採用の場合、「どのレベルから仕事を教えていくのか」というのは、重要なファクターです。職務経歴書だけでは判断がつかないこともたくさんあります。

たとえば、電話応対の試験問題を作り、「このようなケースの電話を受けた場合、あなたはどう対応しますか?」と、ちょっと複雑な事例を盛り込みます。新聞を読んでいるかどうかを見るためには、最近のニュースについて、「どう思いますか?」ということを問題にするのです。一つではなく、いろいろなニュースについて書かせると、思考の方向性もよく見えてきますし、毎年この試験を行っていけば、「このタイプの問題を間違える人は、いつもロクな社員にならない」などという、合格者の傾向さえも見えてくるのです。

私がお世話になっている会計事務所では、面接の際に、必ず積み木を数えるテストをするそうです。皆さんも一度くらいはやったことがあるかもしれませんが、平面なペーパーに書かれている積み木を数えるのです。絵は立方体に描かれていて、形もバラバラです。短い時間で瞬時に積み木の数を数えなければならないのですが、これがまったくできないと、会計事務所では務まらないようです。

では、面接ではどのようなことに気をつければよいでしょうか。

ここまでいくつかご紹介してきたように〈シュガー社員〉には特徴があります。その特徴を見抜くには、以下の方法をお試し下さい。

1　職務経歴書や質問の回答がひな型通り。(志望の動機＝貴社の将来性)
2　趣味が「読書」、「映画鑑賞」などありきたり。無趣味で取り柄がないとみるべし。
3　感銘を受けた本は?　と聞くと、最近のベストセラーを答える。
4　前の会社を退職した理由を訊ねると、クドクドと前の会社の悪口をはじめる。

5　労働条件の話になると、がぜん食いつく。（有休や給与のことしか積極的に話さない）

6　職歴がたくさんあり、職種もバラバラ。

7　仕事の内容を説明しても反応が鈍い。または「多分大丈夫です」とお気楽なことをいう。

8　仕事の厳しさを前面に押し出すと、「自信はないですけど」と急に暗くなる。

9　面接を待っている間、貧乏ゆすりや髪をいじるなどのクセが出てくる。

10　何か質問はありませんかと聞くと一言で片付くような質問しかしてこない。

11　ちょっと難しい質問をすると不快そうな顔をする。

12　筆記用具を持参しない。

13　年金手帳を紛失している。（大事なものという意識が低い）

14　いつから働けますか？　と聞くと、先延ばしにする。（就職の計画性がない）

15　面接中、友達言葉になる。

四つ以上があてはまるようでしたら、採用は見送ったほうが無難でしょう。

タイプⅣ　ワンルームキャパシティ型シュガー社員

事例1

「男は家庭ありきです。定時に終わる仕事ならなんでもします」

「女を採る？　ダメダメ。女はね、恋人ができたり、結婚すると、そっちばっかり頭がいっちゃって仕事をしなくなるからね、男を採用したほうが、結局は安全なんだよ」

大きな声ではいえませんが、二〇人ほどの社員を抱える経営者・竹見ハジメは、50代半ばという若き経営者であるにもかかわらず、このような差別意識のもとで設計事務所を経営していました。正社員はすべて男性です。しかし、最近その考えが変わってきています。

というのも、今年結婚した企画部のホープ、小川博隆の業績が急下降を辿っているからです。小川は昨年、学生時代から付き合っていた女性に裏切られ、恋をするのが怖くなっていました。

「結婚まで約束していたのに。僕、二股をかけられていたんです。これからは仕事一筋で生きていきますから」

それはそれでいいじゃないか、頑張れよ、女がなんだ！　と竹見社長は彼をしょっちゅう飲みに連れ出していたのですが、今年に入って、突然の結婚宣言をしたのです。

相手は、会社によく出入りをしていたメーカーの営業アシスタントのひろ子でした。付き合って一カ月というスピード婚です。

「なんだ、ああいう色気のないのがタイプだったのかあ。ヒョロヒョロで、男みたいに平べったい胸をしているぞ。スカート姿を見たことがねえよ」と冗談めいて冷やかせば、

「人のフィアンセをそんなふうにいわないでください。いくら社長とはいえ、それは許せない行為でしょう。立派なセクシャルハラスメントです」

と叱られてしまいました。

まあ、外見にほだされるよりもああいう女性とのほうが堅実な家庭を築いて、もっと仕事に頑張ってくれるだろうとポジティブに考え、心から祝福をしたのですが……小川は結婚後、明らかに頑張らなくなりました。

自分の誘いを断るくらいならまだしも、企画部の人間がいてこそ契約に繋がる接待の席でも、早々に帰っていきます。百歩譲ってアフター5は見逃すとしても、企画書のクオリティが数段落ちたのです。

どんな小さな仕事でも、一から考えてアイディアを出すということが小川のモットーであり、一番の長所であったはずが、企画の使い回しも顕著になりました。というのも、残業はしたくないので、とにかく仕事を早く終わらせることだけに一生懸命なのです。

「結婚すると、男も変わる時代なのかなあ」

愕然としながらも、企画書に手を抜くことだけは許せませんでした。竹見は、そろそろ甘い新婚ムードも終わりにしたらどうだ？　と結婚式から半年経った頃を見計らって注意をしたのです。家庭を持ったのなら今まで以上に仕事に精を出すのが男というものだ、と竹見の美学も伝えました。それからというもの、少しは元のテンションに戻ってくれたのですが、ほどなくして、小川の妻がオメデタになりました。

それを機に、妻は退職したそうです。午後になると、その妻から小川の携帯にひっきりなしにメールが入ってきます。そして夕方になると、彼の姿が見えなくなることが多々出てきました。

「君ね、奥さんのことが心配なのはわかるけど、妊娠は病気ではないだろう？　もっと落ち着いて仕事をしてくれたまえ」

するとく小川は、意外なことに「お願いがある」と切り出してきました。

「ご迷惑をかけてしまい申し訳ないと思っています。でも僕にとって今、妻の体が一番大切なのです。やはり男は、家庭ありきです。僕を他の部署に異動させてもらえませんか？　経理でも総務でも、定時で終わる仕事ならばなんでもやりますから、お願いします。妻も、給料が下がってもいいからそうして欲しいといっていますので」

＊＊＊

「ついね、欧米か！って突っ込んでやりましたよ」と笑いながらも、竹見さんは残念そうでした。「竹見さん、男性だから間違いないという持論は崩れましたね」と私は思わず言ってしまいました。

結婚したことによって、人生のウェイトが大きく家庭に傾いた。竹見さんは、妻が鬼嫁なのでは？　などと変な勘ぐりをしていましたが、要は、小川さんにキャパシティが足りないだけの話です。女が男に人生のキャパシティを変えられることもありますし、そこに、男は〜、女は〜、という理論は通用しません。

このように、自分の器に一つの物事だけしか入れられず、バランスの悪い仕事をするのは、ワンルームキャパシティ型〈シュガー社員〉です。仕事の優先順位どころか、人生の優先順位も、いつも揺れています。

小川さんの場合、一生仕事はそこそこに、マイホームパパを貫き通すつもりがあるのなら、それはそれで大変素晴らしい生き方です。ただ、そうではなくて家庭に興味がなくなったときに、今度はまた「仕事を一生懸命やりますから、企画部に戻してほしい」といい出しそうで怖いのです。まあ、こちらの社長はそれでも喜びそうですが。

事例2

「作業と仕事の違いって何ですか?」

入社3年も経てば、決められた枠の中でのフットワークはぐんと軽くなる。
楽勝、楽勝
俺は仕事ができる!!と勘違いするのも3年目。
しかしその枠をはずされたとたん
部長! カラダが動きません!
俺って仕事ができるハズ…
カチ
カチ
コチ
全身金縛りのようにかたまるシュガー社員。
動いてないのは頭だろ。

桜京子はビジネスアカデミーを卒業後、広告代理店で総務の仕事をしています。クライアントに請求書を発行したり、見積りと請求書の内容を照らし合わせるのが主な仕事です。入社して三年になりますが、ずっと同じ仕事なので、今はかなり早いペースで仕事ができます。忙しい時は、ふだんの倍の数の照らし合わせの作業が入りますが、それも難なくこなせるので、自分ではかなり仕事ができる人間だと思っています。

6月に人事異動があり、京子は秘書室に異動になりました。取締役の井川サトの下で、秘書業務に就くことになったのです。秘書室は社内でも人気の部署。しかもサトはコピーライターで入社しテレビCMなどでも数々のコピーを手がけ、たくさんの賞をもらい、平社員から役員に上り詰めた、いわばたたき上げの人物。

周囲からは、「良かったわね」「うらやましいなあ」という賞賛の言葉をたくさん浴びました。でも、京子の心はそれほど晴れません。スケジュール管理、来訪者の対応と今までとはまったく違う仕事に戸惑います。しかも、多忙を極めるサトが出す指示はいつも突然で、指示を出した後、さらにそれが変更になるのが日常茶飯事なのですが、京子にはそれが苦痛でした。

指示を出されると、それを頭がインプットしてしまい、後から変更をいわれても頭に霧がかかり入っていかないのです。先日も「今日田中さんが来る」といわれた後に、「午後に後藤さんが来ることになったから、あそこのケーキをお土産で用意しておいて」といわれ、頭が「田中さん」とインプットしてしまい、お土産を田中さんに持たせてしまいました。

急なパーティが夕方に入るといわれれば、それが気になって、午前中に頼まれた飛行機の手配を間違えてしまったりと、三年目にして、新人のようにパニックになりました。

サトにいわれます。

「桜さん、あなたは仕事が正確で、しかもとてもフットワークが軽いと評判だったから、この部屋に来てもらったのよ。でも、そうは見えないのはどうしてかしら？　仕事っていうのはね、頭の中にパソコンのデスクトップがあって、常にいろんなWindowが下のツールバーに待期状態になっているのよ。私たちはそこから今やらなきゃいけないことを的確に判断して、ツールバーを立ち上げて仕事をするの。慣れない仕事かもしれないけど、作業と仕事は違うから、もう少しツールバーを有効に使ってみてよ」

と、いかにもコピーライターらしい、おしゃれなフレーズで注意をされました。しかし、京子にはほとんど理解できていないようです。京子はその日の夕方、秘書室の先輩である百合子にそっと訊ねました。

「百合子さん、作業と仕事って何が違うんですか？　作業は、建築現場の人達がやっているようなガテン系のことでしょ？　私達がやっているのは仕事ですよね？　サトさんて、頭が良くて、回転も速いかもしれないけど、そのスピードと感性を秘書にまで押し付けないで欲しいと思って。もっと万人にわかりやすい言葉でいうのも、コピーライターのセンスだと思いませんか？」

思わず、最後の言葉はサトに対する嫌味になっていました。しかし百合子は相手にしてくれません。

「作業と仕事の違い？　そんなことの意味もわからないなんて、せっかくサトさんの部屋にいるのに、情けない話だわね」

何よ、その見下した態度！　だんだん不愉快になってきます。私は別に、サトさんに憧れてこの会社に入ったわけではないし、秘書になんか向いてないのよ！　百合子は役に立たないと悟った京子は、今度は前の部署の部長だった中川を捕まえて、相談をしました。

「あれほど効率良く仕事をしていた私が、異動してからスムーズにいかないのは、サトさんがメチャクチャなことばかりいうからなんです。あの人は、秘書なんか自分の人形くらいにしか考えていません」

「お前、本気でそんなことをいっているのか？　推薦した俺の顔を潰すようなことは、頼むからいわないでくれ」

味方であるはずの中川からも冷たく拒否され、京子はもう頑張る気力も失いました。翌日からはさらにミスを連発し、最初は優しく注意をしていたサトの言葉も、次第に軽蔑するような口ぶりになりました。

「よくわかったわ。あなたは、仕事ができない人。作業しかできない人なのよ」

それが、サトが京子にいった最後の言葉でした。

ほどなくして京子は営業部に配属になりました。この部署はこの部署で、いろいろ要求されますが、頑張る意欲を当に失った京子は、マニュアル通りか、ちょっとした間違いも見抜けず右から左へ流すだけの仕事しかできないようになりました。

＊＊＊

右から左へ、右から左へ……「アイツ最近、ムーディー京子って陰で呼ばれるようになっちゃったよ。俺の人選ミスかなあ」と中川さんは後悔しているようです。

作業と仕事。

入社したての社員であれば、この区別がつかなくとも、それほど恥じる事はないでしょう。しかし三年目ともなれば、そろそろ気がつかなくてはなりません。作業は、右から来たものを左へ受け流すだけですが、仕事とは、そこに工夫があるのです。

ワンルームキャパシティ型〈シュガー社員〉は、慣れれば誰もができるような作業に満足し、すばやく完璧にこなします。しかし、それ以上のことを要求されると、場合によっては放り出してしまうのです。キャパが狭いため深く考えようとせず、京子さんのようにせっかくのチャンスを台無しにすることだってあるのです。

職場で頑張っていれば、誰にでも、いくつかのチャンスは巡ってくるはずです。だけどこのタイプは、チャンスをチャンスと思わずに逃げ出してしまうこともしばしばあります。そして、ずっと先になってから後悔をします。それではいつまでも「やりがい」なんて見つけられっこありません。

事例3

「なんでメールじゃいけないんですか」

園田悠子、25歳は入社三年目。企業カタログの製作プロダクションに勤めています。職業柄、マックに向かうのが日常のオフィスだからか、ワンフロアの小さな会社なのに社内連絡さえほとんどメールで済ます若手スタッフが多いのです。全員が自分専用のパソコンを持っていますから、一般企業よりもメールの使用が頻繁になるのは仕方ありませんが、この悠子の行動が目に余ると、チームリーダーである芳美は愚痴をこぼします。

悠子は体が弱いらしく、しょっちゅう風邪で会社を休むのですが、いつも始業時間を過ぎてから、悠子の携帯から芳美の携帯にメールで連絡が入るというのです。

「お疲れ様でーす。なんか熱が出たんで、今日お休みさせてください」と、可愛い絵文字入り。「休むときは、電話をして」と、いい加減腹が立ってきた芳美が注意すると、

「私って、もともと扁桃腺《へんとうせん》が弱いじゃないですか（知らないよ、初耳だよ）。風邪をひいたときは、扁桃腺が腫れて喉が痛くて、喋れないんです。それに、なぜメールじゃダメなのか、明確な理由がわかりません」

と、面倒くさそうに答えます。

「メールと電話を使い分けてこそ、一人前でしょう」

「はあ。私はそういう世代ではないので、よくわかりません。そこまでいうのなら、何の連絡がメールでOKで、何がダメなのか、一覧表でもらえませんか」

なんだと？　なんで私が一覧表を作らないといけないの！　こんな馬鹿のために！　「そういう世代」といわれたこととのダブルパンチで、芳美はブチッと切れました。

「あのね、気持ちをより伝えたいときはメールじゃなくて電話がベターでしょ。人に迷惑をかけるような行為のとき、たとえば風邪で休むということも、急なことで別のスタッフに迷惑をかける行為なのだから、電話が常識でしょう？」

「じゃあ、いわせてもらいますが、先輩だって、私に仕事を頼むとき、メールで済ますことがありますよね？　人にものを頼んでおきながら」

絶句しました。

人にものを頼んでおきながらって、仕事なんだよっ！　と喉まで出かかりましたが、自分の立場をまったくわかっていないのだ、この子に何をいってもムダだわと芳美はそれ以上は何もいえませんでした。


そして、それから数カ月後のこと。芳美のチームは、ある企業にプレゼンをしました。その後芳美は他の仕事があり事務所に戻りましたが、仕事のなかった悠子は、クライアント先の部長であるAさんから高級寿司屋でごちそうになったといいます。

「Aさんに、お礼は伝えたの？」

「あ、はーい。後でメールしまーす」

「あの方は年配だし、クライアントなのだから、メールじゃなくて、ちゃんと手書きのお礼状を書くのよ」

「なんでメールじゃいけないんですか？」

――出たよ。

「あなた達の世代がどうなのかは知らないけれど、仕事先の方にごちそうになったのなら、きちんと手書きのお礼状を書くべきよ。その方があちらも喜ぶと思うよ。気持ちがこもっていて」

と、芳美がフツフツと湧いてくる怒りを押さえながら諭そうとすると、

「なんかそれって、Aさんに対してすごーく年寄り扱いしてません？　逆差別っぽい」

と反論をしてきます。もうダメだ、もう限界……。

「これは私からの命令です。きれいな絵葉書でお礼を書きなさい」

すると、なんと悠子は、その日の午後に四時間近くも外出して帰って来なかったのです。ボードには、「東急ハンズ」と書いてあります。

「東急ハンズで何してたの？　何か買い物を頼んでいたかしら？」

と帰ってきた悠子に聞くと、彼女はニヤリと笑いながらこう答えました。

「やだ！　さっきのこと忘れちゃったんですか？　先輩がきれいな絵葉書でというから、東急ハンズに行って探していました」

「だって、あなた四時間も不在にしていたのよ」

「はい。だって、絵葉書なんか選んだことないんで」

＊＊＊

「田北さん、もうノイローゼになりそうよ。あの子は、宇宙人なのかしら?」

そうですね。一切上司に刃向かうことなく、コツコツとキャリアと信頼を積み上げてきた、今の中間管理職世代から見れば、〈シュガー社員〉は宇宙人的存在かもしれないです。そして恐ろしいことに、彼らはE・Tのようにたった一人で、地球に舞い降りたわけではないのです。『メン・イン・ブラック』さながらにエイリアンがひっそりと息を潜めながらうじゃうじゃとオフィスに生息しているのです。

自分の考え以外は受け入れたくないという、ワンルームキャパシティ型〈シュガー社員〉の器の狭さに加え、こうしたメールの使い分けの問題のように、人によってその常識の幅は様々で、正解があってないような問題が加わると、「こんなことまで説明しなきゃならないのか!」と管理職のストレスは一気にヒートアップします。芳美さんと悠子には、さらにこんなこともあったそうです。

「先輩、今日、ネイルのお直しで美容院行きたいので、ちょっと早めに退社します」と平然という悠子を咎めると、「え~。先輩だって、この間勤務中に病院に行ったじゃないですか」と反論したらしいのです。

なぜ、病院が良くて、美容院がいけないのかわからない。風邪なら良くてネイルのお直しはダメなんですか、という具合。その判断基準、もはや誰も治せません。彼女のような存在が、近い将来母になり、学校に給食費を払わないような〈モンスターペアレンツ〉になる可能性は大いに高いと思われます。

事例4

「そんなこと、最初にいわれていない」

岡崎正人は美術大学でシステム工学を専攻し、卒業後、営業としてＷＥＢシステム開発の会社に就職しました。会社は最近東京進出も果たし、人手不足なのかクリエイターと称する若い社員がどんどん入社してきます。営業社員は皆スーツですが、ＷＥＢデザイナーやクリエイターなどはほとんどがジーパンだったり、Ｔシャツだったりと、自由な服装で会社に出社します。

正人は入社当初は先輩社員と営業活動を行っていましたが、三カ月ほどで独り立ちさせられました。今までは先輩と一緒だったので安心していたのですが、これからは一人でクライアントに出向き、様々な打ち合わせをしなければなりません。不安はあったもののやるしかありません。

クライアントによって依頼内容は様々です。企業のホームページを手がけることからはじめたのですが、相手がやりたいこと、こちらでできることの様々なすり合わせが必要になってきます。

最初の三カ月間は、個人のホームページばかり手がけていました。釣りが好きな人、ＲＶ車であちこち行く人。ブログを開設したほうが早いのですが、どうもブログのシステムさえ複雑でわからないという人が、正人の会社に自分の趣味のホームページを依頼してくるのです。でもその仕事内容はといえば、こんなことでお金をもらってもいいの？　というくらい楽でした。

この仕事、楽勝だな……正人が仕事に慣れた頃、そろそろという感じで企業のホームページの依頼を任されたのです。正人が担当したのはエステティックサロンでした。サロンからは日々の予約をＷＥＢ上で行えるようにしたいとの要望がありました。それ以外にも体験者の声だとか、最新のエステマシーンの紹介、料金表など、かなりのヴォリュームです。しかも最初に決めたことが次々と変更になるため、もう何がなんだかわからなくなってきます。

正人は混乱しました。エステサロンの女性経営者、マダム三上は正人をどやしつけます。

「ちょっと、間に合うの？」

「はい。間に合わせます」

とはいえ、マダム三上が何をしたいのか、自分がどう対応すればいいのか、わからないことだらけです。個人向けのホームページを作成していた頃は良かったのですが、企業向けを担当したとたん、パニック状態です。

会社としても、個人向けホームページは新人営業マンのほんの練習台だったのです。企業向けに対応できる営業マンでなければ価値がありません。それなのに、正人はこの仕事は楽勝だと、たかをくくっていたのです。

クリエイターの一人からクレームが入ります。

「岡崎さん。俺らもいわれたことはやりますよ。でも、最初にきちんと打ち合わせしているはずなのに、今度はこうしてくれ、ああしてくれと最初の打ち合わせとまったく違うことを頼んでくる。もう少し、あなたとクライアントで精査してから仕事を持ってきてください。それが営業部の仕事なんですから」

とても社会人とは思えないような服装のクリエイターにいわれて、正人はむっとします。しかしその翌日、遂にマダム三上から、「担当を代えて」という電話が会社に入り、正人はあっさりと降ろされました。

正人は再び、個人向けホームページの営業に戻りました。最近は個人でも、知識が豊富になってきました。同窓会のホームページを依頼されたときのこと、「皆が気軽にアクセスできるようにして欲しい。でも、同窓生以外は立ち入り禁止にして」とリクエストが入り、正人はパニック状態です。ちょっと仕事が増えるだけで、どうしてこんなにも慌てふためくのか、正人の上司である岩谷も首をひねります。

スロースターターなのかもしれない――なあに、まだ若いんだ。これからじっくり教育していけばいいさ。そう思いながら、社内旅行の幹事に正人をエントリーしました。つまりは、会費を集めてもらうのです。しかし、最後の最後になっても、計算が合いません。

「誰からいくら集めたのか、チェックリストは作ったか？　日帰りの人も何人かいるはずだから、金額は同一じゃないぞ。リストを作るのが当然だろう」

「えっ？　だってリストを作れなんて、おっしゃりませんでしたよね。えっ？　そんな、困ったな、最初にいわれていないから」

岩谷は呆れてしまいました。

それからというもの正人には、小さな、しかも単純な仕事だけしか回していません。しかし、最近になって正人は、「そろそろ大きな仕事もやらせてください」と懇願するようになりました。もともとセンスが悪いわけではないし、いい加減アイツも慣れてきただろう——いいタイミングで、比較的大きな仕事の依頼があり、岩谷は正人に担当を振ることにしたのです。きっとアイツも大喜びで、一生懸命やってくれるに違いない——しかし、それは正人にとっては、良いタイミングではなかったようです。

「えっ？　納期はいつですか？　再来週？　困ったなあ。ゴルフコンペの幹事を頼まれていて、これが大人数だからちょっと僕、手が離せないんですよ。それ、別の人に回してもらえませんか」

「そろそろ大きな仕事がやりたいと、あんなにいっていただろう」

「いや、それはそうなんですけど。でも、もっと早く教えてくれたらよかったのになあ」

＊＊＊

「彼はね、毎年、社員旅行の幹事という大きな仕事を担当しているから、もうそれでいいですよね」

岩谷さんは、これから先、正人さんに大きな仕事を振ることはないでしょう。自分から懇願しておきながらスケジュールのすり合わせもせずに、あっさりと仕事を断る。これもワンルームキャパシティ型〈シュガー社員〉ゆえの滑稽さかもしれません。

勤務年数と共に、仕事を受け入れられる幅も広がり、仕事量もどんどん増やせるようになるのが普通ですが、このタイプの人は、おそらく定年まで同じ仕事量しかこなせません。能力主義、成果主義報酬の企業であれば、それほどの被害はありませんが、年功序列の企業となると、将来的には大損をしてしまいますし、周囲の社員が気の毒でもあります。よくいえば、真面目で小さな仕事をコツコツこなしているように見えますが、さて、三〇年間同じ質と量の仕事しかできない人に、毎年昇給ができますか？

【ワンルームキャパシティ型シュガー社員】の対処方法

ちっちゃなルーティンワークはとりあえずこなします。だけどちょっと仕事が増えたり、イレギュラーな仕事を振られると、パニックしまくり。仕事の優先順位がつけられず、とっちらかる。だってキャパが狭いから。

このタイプは、プリズンブレイク型〈シュガー社員〉と同様、仕事ができません。が、前者と違うのは、すぐに退職をしないだけの「とりあえずの根性」と、「そこそこの忍耐力」を持っているということです。

20代の〈シュガー社員〉は、物事の判断基準がそれより上の世代とは相当違ってきています。はじめに指摘した通り、偏差値教育世代とゆとり教育世代ということも、大きく影響していると思われます。「それはおかしいだろう」と否定しようものなら、上司だろうが、クライアントだろうが、屁理屈をこねて相手をいい負かし、「自分は頭の回転が速い」ととんでもない勘違いをします。

メールと電話のどちらがいいか、直接渡すか郵送でもいいかなど、あらゆる場面で区別がつかず、いちいち説明しなければ納得しません。義理を通すとか、仁義を切るとか、気持ちの問題などという言葉は、まず通用しないでしょう。そもそも、仕事に気持ちなどは最初からこもっていないのです。だからこそ、小学校の道徳の授業のように、「こんなことから説明しなければわからない」のが、ワンルームキャパシティ型〈シュガー社員〉の特徴です。

以前、とある企業向けのマナー講座で、年次有給休暇の悪い申請方法について講義したことがあります。その際、受講した社員の方が、「有給休暇の正しい取り方も教えるべきではないか」と終了後のアンケートに書いてきました。有休の正しい取り方って、一体なんでしょう？　そんなの常識でしょう？　と思ったのですが、同様の回答が複数あり、ショックを受けました。

「今の若い連中はどうなっているんだ」というような、いわゆるジェネレーションギャップという現象は、決して21世紀にはじまったことではなく、明治にも大正にも昭和にも存在したはずです。しかしこれまでと違うのは、〈シュガー社員〉は、年上の世代を尊敬していない、ということかもしれません。年長者に敬意を払わない、長年の慣習を良いものと思わない、ゆえに、どんなに年上でもいい負かしたほうが勝ちだという、即物的な考えしか持っていないのです。しかも、理論武装をしているつもりが、たいていは屁理屈です。会話が成立しなくても驚くことではありません。どう接していけばいいんだ、と思う方もいるかもしれませんが、コミュニケーションがほとほと取りづらい世代なのです。２００７年の朝日新聞の調査によると、携帯電話は持っているけれど、ほとんど通話はしない。つまり、メールでしか会話をしない若者が、四割を超えたということでした。

また、国民生活白書では「働く目的」という意識調査を行ったのですが、若年層ほど「社

働く目的は何か（年齢層別）

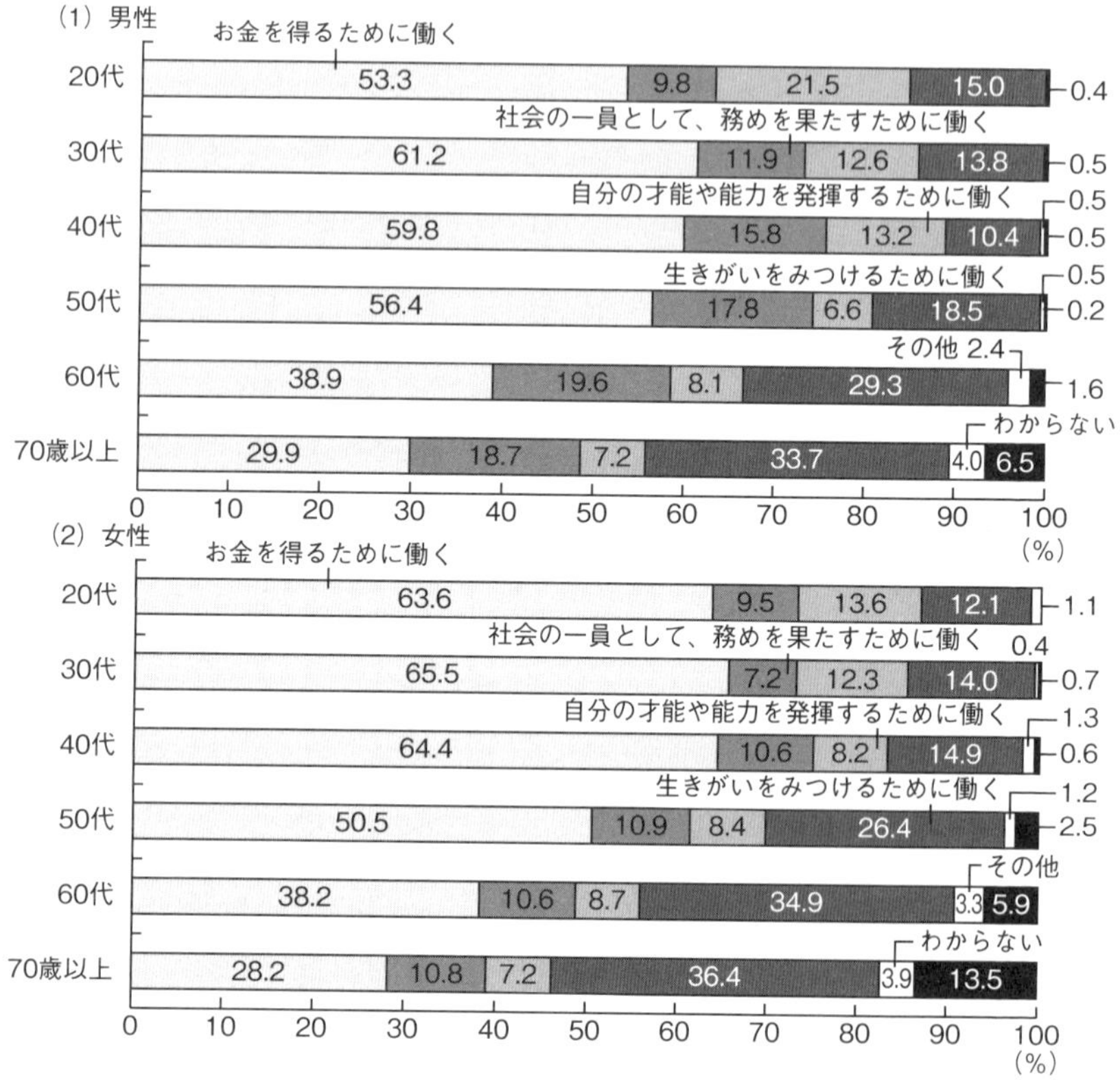

(1) 男性
お金を得るために働く
社会の一員として、務めを果たすために働く
自分の才能や能力を発揮するために働く
生きがいをみつけるために働く
その他
わからない
20代 53.3 9.8 21.5 15.0 0.4
30代 61.2 11.9 12.6 13.8 0.5
40代 59.8 15.8 13.2 10.4 0.5 0.5
50代 56.4 17.8 6.6 18.5 0.5 0.2
60代 38.9 19.6 8.1 29.3 2.4 1.6
70歳以上 29.9 18.7 7.2 33.7 4.0 6.5
0 10 20 30 40 50 60 70 80 90 100 (%)
(2) 女性
お金を得るために働く
社会の一員として、務めを果たすために働く
自分の才能や能力を発揮するために働く
生きがいをみつけるために働く
その他
わからない
20代 63.6 9.5 13.6 12.1 1.1
30代 65.5 7.2 12.3 14.0 0.4 0.7
40代 64.4 10.6 8.2 14.9 1.3 0.6
50代 50.5 10.9 8.4 26.4 1.2 2.5
60代 38.2 10.6 8.7 34.9 3.3 5.9
70歳以上 28.2 10.8 7.2 36.4 3.9 13.5
0 10 20 30 40 50 60 70 80 90 100 (%)

会の一員として務めを果たすために働く」という意識が低くなっています。図を見るとわかる通り、50代と20代では、かなりの開きがあります。

「誰かのために何かをする」というのは、もはや若年層では期待できないのです。

コミュニケーション不足により仕事の行き違いやミスが職場で多発しているので、管理職は相当なストレスを抱えています。職場のＩＴ化が進み、文書のやり取りや事務連絡が迅速、正確化されることにより、わざわざ顔を合わせなくても仕事を進めていける職場環境が作り出されています。

中でも、このワンルームキャパシティ型〈シュガー社員〉は、本当にこちらの言葉が通じているのかどうか不安なものがあり、こなせる仕事の幅も大変狭いのです。ここまで仕事ができないと、「クビにすればいいだろう」と考える方がいらっしゃるかもしれません。

労働基準法では、従業員を解雇する場合、三〇日前に予告をするか、三〇日分の予告手当を支払えば解雇できるとなっています（労働基準法第20条）。

しかし現実には、それだけで解雇ができるわけではありません。最高裁の判決で確立しているものの、これまで労使当事者間に十分に周知されていなかった「解雇権濫用法理《かいこけんらんようほうり》」が法律に明記されました。すなわち、労働基準法18条の2として、「解雇は、客観的に合理的な理由を欠き、社会通念上相当であると認められない場合は、その権利を濫用したものとして、無効とする」との規定が設けられたのです。

「解雇権濫用法理」とは、昭和50年4月25日の最高裁判決（日本食塩製造事件）において示されたものです。この判決では、「使用者の解雇権の行使も、それが客観的に合理的な理由を欠き社会通念上相当として是認することができない場合には、権利の濫用として無効になると解するのが相当である」と判示されています。つまり、解雇しても、それが無効となれば、解雇したはずの労働者が職場に戻ってくるということです。

ここでいう、「客観的に合理的な理由」とは、労務提供の不能、困難、不安定などが挙げられています。これを読まれた方の中には、「仕事ができない」というのは、まさしくここで指している事柄ではないかと思われる方もいるかもしれません。しかし、いくら会社が「仕事ができないから君を解雇する」といっても、当人が「いや、私は一生懸命やっている」と反論さえすれば、解雇権濫用となってしまう可能性が高いのです。

企業は、いかにその社員が致命的なミスを繰り返し、会社に対して迷惑をかけているかを証明しなければなりません。また、会社の対応措置も影響を与えます。今まで注意もせずにいきなり解雇する、というのは認められません。問題社員に対して、注意、指導、教育を施していたかどうか、行為と処分のバランス、不当な目的がなかったかどうかなどが判断基準となるのです。

注意したといっても、口頭だけではダメです。注意した内容を、日報などに具体的に記しておき、教育を行った結果や、いかに会社が努力してその社員を一人前にしようとしたかを形に残さなければならないのです。つまり、どんなに酷い〈シュガー社員〉を採用してしまっても、辞めさせるのは至難の業ということです。

つまりは、終身雇用制度が崩れていく一方で会社は本腰を入れて社員教育に取り組まなければならない時代が到来したのです。

というわけで、なかなか辞めてくれないワンルームキャパシティ型〈シュガー社員〉の対処方法ですが、とりあえず、「無理な成長を願わない」ということでしょうか。

大根畑の中にカイワレ大根が混じっていると考えてください。どんなに大根用の肥料を与えても、カイワレ大根はカイワレ大根、そのままでいいんだよ……カイワレだもの、という「相田みつをイズム」を中間管理職が心に刻んで、「なんでお前はカイワレなんだ」という無駄なストレスを溜めないことをおすすめします。教育がなっていない、と経営者から怒鳴られても、相田みつをの詩を唱えてやり過ごすしかありません。

そして、とりあえずの小さな仕事は責任を持ってこなすので、彼らの背丈に合った仕事を与え続けましょう。ただし、結婚して家族が増えたり、恋人と別れて仕事一筋になったときには化ける可能性は十分にあります。あくまでも一時的ですが。

タイプV　私生活延長型シュガー社員

事例1

「アイス買ってきて」

塚越和江は、食品の製造メーカーに営業補助事務として新卒で入社しました。営業補助事務は、営業担当にそれぞれついて見積書を作成したり、納品書や請求書の業務を行います。

和江は畑中という営業社員の下で仕事をしています。和江はテキパキと仕事をこなすタイプではありませんが、甘え上手なためか、ミスをしても怒られません。社内でも一番若く、ちょっとしたアイドルのような可愛らしい顔をしているため、男性陣はついつい和江に甘い顔をするようです。

畑中は、出先から和江に指示を出します。甘ったるい声で「わかりましたあ。お疲れさまで〜す」といわれるのは、はじめの頃は確かにちょっと心地のいいものでした。しかし、指示とはまったく違うことをやらかしていたりして、正直イライラすることもあります。とはいうものの、どんどんとアイドルの座を不動のものにしつつある和江を叱って、嫌われる勇気もありませんでした。

夏の暑い日が続きます。畑中はクーラーの効いた部屋で脂汗をかいていました。納品書の数と実際に納品された商品の数が違い、クライアントに呼び出されたのです。「どうなっているんだ」と詰め寄られます。今日中に商品が揃わなければ、非常にまずい状態です。

「お宅の商品を明日のセールの目玉でチラシを打ったのに、商品がないんじゃお客が大騒ぎする。なんとしてでも用意してくれ」

出荷伝票は和江が打ち込んだものです。納品書には自分は間違いなく500個と書きましたが、出荷伝票は50個になっていました。

慌てて会社の和江に電話をし、緊迫した声でいいます。

「あのさ、出荷伝票の数が一桁違っているんだよ。４５０個も商品が足りないんだ。在庫があるかどうか、今すぐ調べてくれる？」

「あ、はーい」

こちらの緊張感は、アイドル和江には何も伝わっていないようです。のんびりとキーボードを叩く音が聞こえてきます。

「あ、ありますよう。午後から出荷できまーす」

「助かった！　大至急手配を頼む。絶対にミスは許されないからな。経理部にも、今から俺が電話を入れるよ、それじゃあ」

「あ、ハタナカさん」

「どうした？」

「今日、すごく暑いから、帰りにアイス買ってきてくださ～い」

プチッと電話を切る畑中。

それでもまだ、和江の甘い声が耳にまとわりついてくるようで、寒気がしました。帰りの地下鉄の中でも、怒りで指先から震えてきます。今日こそは、きちんといおう……そう決めて、会社に戻ると和江が子犬のように駆け寄ってきました。

「やったー。何アイスかなー。あれっ？」

「ないよ」

ぶっきらぼうに返事をします。和江がそのまま、専務の机にターンして行きます。

「専務ぅ、アイスダメでしたぁ」

和江に大甘の、禿頭の専務が、遠くから声を張り上げます。

「何だぁ、畑中君は使えないなぁ、わははははは。しょうがないから、今日は和江君、しゃぶしゃぶに行こうか」

「やった！　じゃあ一応、畑中さんも誘ってみますねぇ」

「俺は行かない」

もう、それ以上和江の顔すら見たくありません。和江はいつでも専務のお誘いに応じられるようにか、制服の下のブラウスはギャル系で、靴はラメ入り。また、専務と飲みに行った次の日は当然のように和江は遅刻をするようになりました。しかし、専務が、「しょうがないなあ。多分二日酔いで苦しんでいるんだろう。もっと酒を鍛えてやらんとな。わははは」といった態度なので、誰も文句をいいません。

最近の和江は、専務の寵愛をいいことに、仕事で困ったことがあると直接専務に相談するようになりました。本来は先に畑中に相談するのが筋ですが「専務に聞いたほうが早いから」というのが和江の言い分です。

＊＊＊

そしてなんと、畑中さんは最近、その専務から「もっと和江の面倒を見てやれ」と檄をとばされたそうです。

「和江が来てからというもの、会社の雰囲気ががらっと変わりました。何せ、専務があの調子ですからね。他の社員も仕事に対する意欲を失くしていると思います。僕はすでに、転職を考えています」

営業成績トップの畑中さんを、間接的にでも退職に追い込む〈シュガー社員〉の恐るべし手腕。しかも、「アイスを買ってきて」とクライアント先にいる上司に頼むなど、いくらなんでも度を超しているでしょう。和江さんの頭の中はおそらく、「今週は、専務はどんな美味しいものを食べさせてくれるのかしら?」ということで半分以上が埋まっていると思います。

ここまでくると、もう話にもならない私生活延長型〈シュガー社員〉の誕生です。このタイプの若手社員と、後はのんびり定年を待つばかりの権力者が結託してしまったら、最悪です。中間管理職にとって袋小路とはこのことでしょう。

事例2

「私のものは私のもの、会社のものも私のもの」

D社に勤務する徳田藤枝は、結婚を機に正社員からパートタイマーに変更してもらい、退社時刻が16時になりました。

藤枝の上司である城山は、藤枝が正社員の頃はてきぱきと仕事をこなしていたので、結婚後も仕事を続けるようにと提案した一人ですが、どうも最近の藤枝の仕事ぶりには疑問がわいてきます。

藤枝はバスで帰宅するのですが、15時過ぎに藤枝に仕事を回すとかならずミスが出る、と社内でささやかれるようになりました。気になって彼女を観察してみると、15時を過ぎるとそわそわしはじめ、15時45分にはもう何を話してもうわの空なのです。

藤枝の行動は、だんだんエスカレートしていきました。代引き商品を通信販売で購入し、届け先を会社にしているのです。藤枝が席をはずしているときに商品が届くと、他の誰かがわざわざ立て替えて支払いを済ませます。毎晩のように残業をしている人間ならともかく誰よりも早く帰宅しているのですから、家にいる時間帯を指定すればいいではないか、と一度やんわりと注意をしましたが、「家ではいろいろとやることがあるので、会社で済ませられることは会社で済ませたい」というではありませんか。そのうちに、変な噂が流れるようになりました。会社で買っている茶やコーヒー、ティッシュペーパーなどの消耗品が、目に見えて早くなくなるようになったのです。それも、藤枝が台所当番の翌日にはかならず少なくなっているのです。

これはもうダメだと判断した城山は、人事部長に結婚後の藤枝の行動をすべて話し、解雇することにしました。他の社員やパートの手前、いくら仕事と会社の両立を応援するスタンスを取っているとはいえ、彼女の行動は会社を食い物にしているのと同じ事です。

さっそく藤枝を呼び出し、もう明日から出社しなくていいと告げたところ、

「確かに家庭に重きをおいていたので、皆には迷惑をかけたかもしれないけど、解雇はあんまりだ」と涙ながらに訴えました。とはいうものの、もう何度も何度も注意はしていたのです。しかし、その効果はいつもほんの一、二日で消えてしまうのでした。

ただ、会社も冷血漢ではありません。本来は支給日に在籍していなければもらえない賞与を支払うことにしたのです。「解雇予告手当」があることは知っていましたが、そのような名前にすると、何か仰々しい感じがして、むしろ本来は支払う義務のない賞与を特別に支給する形にしたほうが、会社に対する恨みが少しは軽くなるのではという感情も働きました。そして、まだショックの冷めやらぬ藤枝には、賞与は解雇予告手当の代わりだということも念のため告げておきました。

「解雇予告手当」とは、会社が労働者を解雇する際、突然明日から仕事や収入がなくなることによって労働者が生活に支障をきたさないよう、三〇日分の給与を支払うよう会社に義務づけられているものです。そして藤枝は、退職時にそれまでの給与と解雇予告手当の代わりに、本来は支給されない賞与を受け取り、会社を後にしました。

これをきっかけに、D社は、結婚後にパートとして働いてもらう社員の勤務規定を見直す

ことにしました。藤枝のように正社員時代はよく働いていてくれても、パート勤務となったとたんにあそこまで別人となると結局のところお互いが不幸になります。というわけで、規程を人事部長と練り直している最中、とある弁護士事務所から、会社宛に内容証明が届いたのです。

そこには、『徳田藤枝は解雇されたにもかかわらず、きちんとした解雇予告手当を受け取っていないので、D社は速やかに支払うように』と書いてあったのです。会社にしてみれば、寝耳に水。やられた——そう思っても、後の祭りです。

あえて、解雇予告手当という名目にせずに賞与として支払ったのだと自社の顧問弁護士に相談に駆け込みましたが、顧問弁護士は渋い顔をしたそうです。

「解雇予告手当は賃金ではないので、税金も保険料も控除しないものです。でも、藤枝さんに支払ったそのお金は、控除していますよね」

「はい、賞与としてですから。でも本人には、解雇予告手当の代わりに本来は支給されない賞与を支払うと伝え、本人も納得した上でそうしたんですよ。なぜそれが問題になるのですか？」

「解雇予告手当は労働基準法に定められているもので、定義が決まっています。それが賞与という名目で、賞与として事務処理されていれば、『解雇予告手当を支払った』という根拠などまったくないのです。本来は支給されない賞与が解雇予告手当の代わりになるといっても、絶対に通りません」

後日、会社は藤枝に解雇予告手当を支払うことになりました。良かれと思ってやったことが、彼女には通用しなかったのです。

＊＊＊

「今回のことではほとほと困りました。しかも、彼女のことですから、同僚のパート社員達にも自分の手柄を報告しているに違いありません。悪い前例を作ってしまったのです。これから我が社は、パート制度をやめて、人材派遣会社から、派遣社員を雇うことに決めました」と城山さんは私に話してくれました。

私生活延長型〈シュガー社員〉だからこそ、辞めるときには1円だってもらいそびれるものか、という気持ちになるようです。派遣社員は、自社で雇用するよりは、多少費用が高くつきますが退職金の積み立ても不要です。ダメだと思えばいつでも派遣会社にいえばいいし、契約を解除したからといってその社員から文句をいわれる筋合いもありません。

昨今、D社のように派遣社員に切り替える企業が多くなってきました。企業も生き抜いていくためにどうするかと考えた結果が「人材派遣」という方法なのです。景気は上向きになってきていますが、人材派遣会社はどんどん成長してきています。企業の労働コストを下げたいという本音が見え隠れします。

国が労働基準法などで、労働者保護の法律を強化すればするほど、非正規雇用が増えるというのも、なんとも皮肉な話です。

正社員、パート・アルバイトの対前年増減

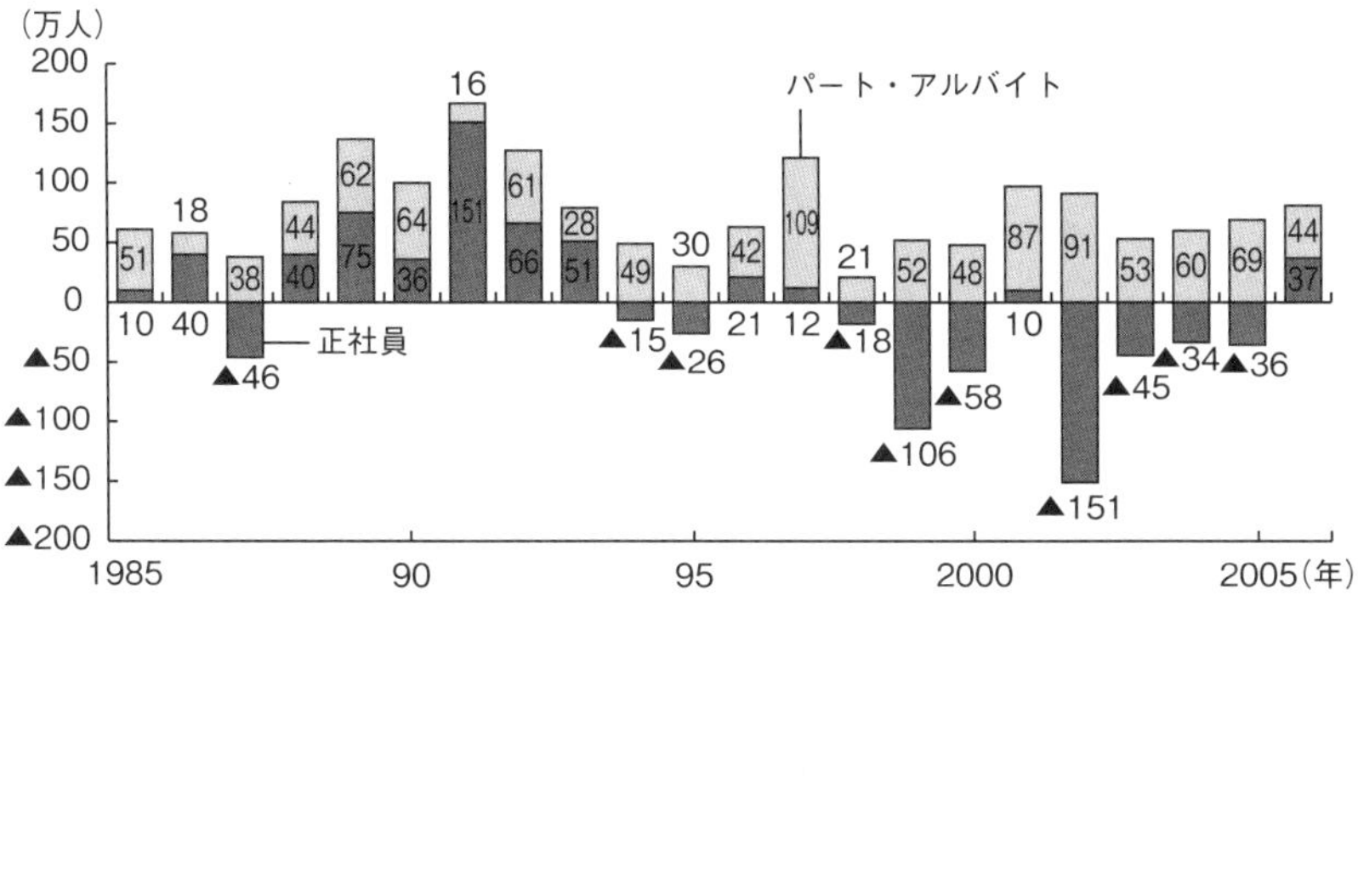

事例3

「休日の電話代を払ってください」

増田麻美は損害保険会社の電話相談員の仕事をしています。事故はいつ起きるかわからないため、相談業務は24時間体制で行われています。シフト制ですが、夜勤の日は酔っ払いから電話でからまれることもあり、顔の見えない相手に恐怖を感じながら仕事をすることもあります。

麻美は入社三年目で一応チームリーダーとして、部下を二〇名ほど従えていますが、最近リーダーとしての仕事に限界を感じていました。電話相談以外に新人研修、シフト作成、マニュアル作成とやることがたくさんあり、その割に、役職手当が少ないと感じていました。新人は不安が大きいのか何でも麻美に聞いてくるのですが、それが煩わしく思え、つい冷たい態度をとってしまいます。また、麻美を憂鬱にさせるのが、休日にかかってくる上司からの電話です。休日の前に依頼された仕事は済ませているのですが、「わからないことがあるから」と麻美の携帯に電話をかけてくるのがとても迷惑でした。

新人教育と上司の狭間で悩み続け、遂にリーダーを降りたいと思うようになり、上司の塚田に相談しました。

「自分にはリーダーの器がありません。降ろしてください」

以前から塚田は、麻美が「リーダーを降りたい」といっていたのは耳にしていたので、次のリーダー候補として、田中幸代という社員にそれとなく打診をしておきました。

さて、麻美はこの一カ月前に、引越しをしました。仕事もなんとなくぱっとしないので気分を変えたかったのです。新しい部屋はロフトになっていて日当たりもよく、近所には公園があり、コンビニがあり、生活するには悪くない場所でした。この部屋を選んだ一番の理由はインターネットが使い放題で、映画もブロードバンドで観放題というところです。前より家賃は上がりましたが他を節約すればなんとかなりそうです。

これでDVDを借りたり、返したりしなくてもいいんだ！　麻美は、休日はほとんど家にこもりっきりになりました。しかし、引越しして初めての請求書に目を疑いました。当初考えていたよりかなり高いのです。

「どうしよう…」

来月からリーダーを降りれば、役職手当ももらえなくなります。翌日、麻美は塚田に相談しました。

「リーダーを降りる件、撤回します。このままリーダーをさせてください」

突然の撤回宣言に塚田は面食らいます。

「もう他の人に決まっていて、辞令も近々おりる。今までさんざんリーダーを降りたいといっておきながら、急に撤回といわれても困るんだよ」

優しくいったつもりですが、麻美にはカチンときたようです。

「私はリーダーとして残ります」

そう告げた後、麻美は事務室にこもり、リーダーの義務である来月のシフト表を作成しました。しかし、ここでも悪知恵が働きました。塚田を困らせてやれとばかりに、後半のほとんどを有給休暇を使って仕事を休むことにしたのです。それを見た塚田が、案の定激怒し、

「作り直せ」といってきましたが無視することにしました。新しいシフトで他のスタッフにシワ寄せが出て、皆が混乱していましたが、麻美にとっては塚田を困らせて、なんとしてでもリーダーの座に居座り続けなければなりません。インターネット使い放題のために。よく考えれば、有給休暇は社員の権利です。塚田が認めないなどとは、いえないはずなのです。

そして、さらに休暇中の麻美は、塚田宛に、こんな要望書を送りつけました。

1　休日に電話をしないでください。電話していろいろと聞いてくるなら、それに費やした分の賃金を支払って欲しい。

2　リーダーを降りることを撤回したので、引き続きリーダーとして扱って欲しい。

3　この要望が聞き入れられないのなら労働基準監督署に訴えます。回答は私が出社する7月21日までに文書で出してください。

自宅で映画漬けの麻美に、会社から出社するよう手紙がありましたが、要望書の回答がないので破って捨てました。電話も鳴りますが直接話すつもりはなかったので一切出ていません。そして、麻美の無理矢理取得した有給休暇の終わりが近づいてきました。会社からは何も回答はありませんが、あちらが強行手段に出るようならば、労働基準監督署に訴えればよいのです。麻美は有給休暇の最終日に、ようやく会社に電話を入れて、明日からの自分のシフトの確認をしました。すると、「増田さんはシフトには入っていない」という返事がかえってきました。

翌日、鬼のような形相で会社に行くと、麻美の席には新しいリーダーとして田中幸代が座っています。どういうこと⁉ そこに塚田が支店長の小林と一緒に現れました。

「あなたは会社を懲戒解雇になったから。不服があるなら監督署にでも弁護士にでも相談に行ってくれ」

「どういうことですかっ」

皆が一斉にこちらを見ます。麻美の顔がみるみる上気し、口元がブルブル震えます。小林が、そんな麻美を支店長室に招き入れました。小林は女性の支店長ですが、厳しいことで有名です。同じ女性同士ということを差し引いても、うかつに口を利ける相手ではありません。支店長の手には就業規則が握られています。

「増田さん、まずはあなたの言い分を先に聞こうかしら」

そう穏やかに話す口元がいくらか震えています。麻美はストレートに話をします。

「塚田さんに要望書を送ったのですが、それに対する回答がありませんでした。休暇に関しては、有給を消化したまでです。それなのに、いきなり解雇ってどういうことですか」

「その要望書は私も読ませてもらいましたが、あまりにも勝手で一方的なのでリーダーへの復帰はおろか、会社では不要な人間と判断しました。ですから、もう出社しなくても結構です」

そういわれても引き下がれません。ブロードバンドがかかっているのです。

「では、塚田さんが私の休みの日にいろいろ電話をしてきます。自分が電話に出られないときは折り返し電話しますが、その電話代や、休日に仕事の話をしているのですから割増賃金を払ってください」

呆れたように小林がいいます。

「あなた、今までリーダーだったでしょ。仕事人間になれとはいわないけど、あまりにも責任のない発言じゃないの？　それに塚田が電話をしたのだって、あなたの仕事にあまりにも漏れが多くてそれで電話しているのよ。そんなに休日に電話が来るのが嫌だったら、電話が来なくてていいように完璧なお仕事してからお休みしたらいいんじゃない？」

「で、でも、懲戒解雇ってどういうことですか。私は悪いことは何もしていません。職権濫用で訴えますよ」

小林の目が気の毒そうに麻美を見ます。

「会社から、内容証明郵便が届いたでしょ。あなたの有給休暇は認められないから会社に出社して欲しいって」

確かに届いたのは知っていましたが、要望書の回答がなかったので無視しました。さらに支店長は続けます。

「二回目は、連絡がなければ解雇するから、連絡するようにと書いてあったはずよ。結局あなたは三週間無断欠勤をしたのです。この就業規則に則って、懲戒解雇となります」

ああそれと、と広げたのは、労働基準監督署の「解雇予告除外認定書」でした。無断欠勤による懲戒解雇の場合は解雇予告手当が必要ないのです。というわけで、今回は麻美に支払う必要なしと監督署が認めたのです。

麻美はその日、ショックのあまりどうやって家にたどりついたのか覚えていません。ただ、「引越ししなきゃ」とさっそく不動産屋に電話をするのが精一杯でした。

＊＊＊

もはや、人間性までもを疑うような麻美の行為です。

まさか、ここまで酷い人間はいないだろう、と思われるかもしれませんが、ここまでとんでもない宇宙人も、あちこちに存在しています。ちょっとしたきっかけで人は変わってしまうものなのです。特に自分の要望が聞き入れられなかったとき、〈シュガー社員〉ほど過激に反応するので注意が必要です。

事例4

「逆ギレっすか?」

キミ、面接で何でもやりますと言ってたのに、何もやってくれないじゃないか!!
もっとちゃんと働けよ!!
エエ〜
また逆ギレっすかぁ!?
逆ギレじゃないだろ!!
キミ風に言えば
マジ切れだ!!
ヤダな〜
言葉は正しく使って下さいよ。
理不尽にキレるってことは逆ギレでしょ。
超ありえね〜。
俺を選んだのはこの会社ダゼ!!
マジキレてんのはこっちっすよ

企業向けＨＰを製作しているプロダクション。それは月曜日の朝一に、すべてのネットカタログを更新しなければならない仕事のときに起きた事件でした。週明けの朝一ということは、必然的に日曜日が商品のチェックの山場です。ここで発見したすべてのミスを消さなければならない過酷なスケジュールには違いなかったのですが……。

土井忠志は、就職して二年目の若手として、社内でも期待されていました。有名大学を優秀な成績で卒業、社内の期待を一身に背負っている明るい好青年のはずでした。今回の案件で、彼は自分の担当を持つことになり、はりきって仕事をこなしていました。上司の細山田の目から見ても、彼の姿は気持ちのよいものでした。

順調に業務をこなし、迎えた日曜日の午後に最終チェックをすべく、会社へ向かおうとする細山田の携帯が突然けたたましい音をたてました。番号は、今回のプロジェクトの下請け業者。慌てて電話を取ると向こうから、焦りの隠せない声が聞こえてきたのです。

「先ほど、商品の入れ替えリストで不明なところがあったので、担当の土井さんに電話したんですが、ずっと繋がらないんです。それでようやく、何十回もこちらからかけて出てくれたのですが、外出していて夜の10時過ぎまで帰宅できないので、それまで待てというんですよ。そんな時間からでは入れ替え商品の手配すらできません。どうしましょうか」

このままでは明日の納品に間に合わない事態になる。細山田は慌てて彼の携帯を鳴らしました。ゆったりと電話に出た忠志。

「今日は日曜日じゃないっすか。友人と映画を観た後に飲む約束をしていたんですよ。下請けさんが慌てているので、とりあえず急いで戻りますが、早くても10時は過ぎますよ」

と特に悪びれた様子もありません。ん？　自分の仕事に対する責任感がまるでないようです。納品できる状態になるまで、外出するにしても、なぜ資料を持って出ないのか。まだ仕事は終わっていないと、細山田は思わず叱りつけたのでした。しかし、そんなこちらの思いなど知る由もないとばかりに、

「じゃあ、僕は日曜日なのに休むこともいけないんですか？　休日に何をしていようが、はっきりいって僕の勝手じゃないですか。それに頭ごなしに怒鳴られたら、なんて答えていいのかわかりませんよ！」

しょうがないので、細山田が現場へ駆けつけ謝罪してトラブルをなんとか回避しました。そして月曜日の朝のことです。

「昨日の件、俺が現場に行って謝罪してきたので、お前も早々にお詫びの電話を入れるんだぞ。そもそもお前のミスなんだからな」

と注意すると、忠志は目をきりきりさせて、こう刃向かってきたのです。

「じゃあこっちも、休日に電話してきたこと、まずは詫びを入れて欲しいです」

信じられない台詞です。

「納品のときくらい、それくらい気にしていてもいいだろう。なんだ、その態度は！」

「逆ギレしないでください」

「逆ギレ？」

「それ、完璧に逆ギレじゃないっすか。日曜日に自分が行くハメになったからって、俺に当たらないでもらえますか」

コイツ、期待されていることをなんだか勘違いしてきたぞ……。その予感は大当たりでした。IT業界で働いていると、変更が重なったりした結果、納品前は徹夜続きというケースも多々あります。細山田と、男女それぞれ一名ずつという小さなプロジェクトとして動き出した案件だったのですが、途中、クライアントから大幅な変更事項を申し渡されました。納期まで時間がなく、必然的に徹夜を余儀なくされたのでした。細山田が二人の部下を励ましながら、徹夜二日目に突入したときのこと。忠志が目をこすりながら立ち上がりました。

「もう眠くて作業できません。いったん帰っていいですか?」

もう一人の女性スタッフのほうは黙々とデスクに向かっています。

「どうした、体調でも悪いのか?」と聞く細山田に、「体調が悪いも何も。眠いとやる気にならないんですよ。たとえ締切りに間に合わなくても、そもそもクライアントが勝手に変更をいい出したんだからいいじゃないですか」

とすっかり不貞腐《ふてくさ》れているのです。確かに彼のいうことは、正論ではあるかもしれません。しかし、いったん引き受けると回答している以上、「できませんでした」では仕事として成立しません。今さらなんでそんなこと、と思いながら彼を諭すと、「はいはい! やればいいんでしょ!」となんとかデスクに戻ったのですが……。途中、タバコを吸いに喫煙所に行ったり、貧乏ゆすりがはじまったり、まるで集中しない様子。挙句の果てに、机の上に突っ伏して眠ってしまいました。

「おい、頼む。これが終わったら好きなだけ眠っていいから、今日は徹夜してくれ」

そういいながら彼を起こすと、

「いや、もうありえないっす。徹夜が二日続くなんて聞いてませんから。人間の三大欲求を無視する会社なんて、もういられませんよ」

「そういうけどな、お前、昨日も徹夜だったからって今日出社したの夕方の四時過ぎだろ？昼間寝ていたんじゃないのか？　俺達はその間も頑張っていたんだから」

「もう、また逆ギレっすか！　自分が眠ってないからって部下を責めるなんて、マジおかしいっすよね！」

＊＊＊

この一件以来、細山田さんは、「逆ギレ」という言葉の意味が、なんだかわからなくなってきたそうです。

仕事に対する責任感があればこそ、徹夜もし、休日も返上するのが当たり前と思っている中堅社員から見ると、〈シュガー社員〉はドライ過ぎて頭を抱えてしまうのではないでしょうか。

仕事よりも自分のプライベートが大事。

そんな私生活延長型〈シュガー社員〉に、仕事に対する責任感を求めるのはあまりにも要求のレベルが高すぎます。彼らは、出社したときは一生懸命やりますが、それはあくまでも所定労働時間内での話です。時間外や休日出勤、はたまた休日に仕事の電話をしようものなら怒涛のごとく怒ります。仕事とプライベートをきっちり分けているので、休日に仕事の話をされて仕事モードに戻されたくないのです。そのあたりを「うまく使う」しかないのですが、その「うまく使う」ができなくて、管理職は夜も眠れない日々を過ごすのです。

それぞれの業界独特の労務管理があります。飲食店には飲食店の、IT業界にはIT業界の「皆がやっている」という掟があります。飲食店はサービス業ですから土曜日、日曜日がかきいれどきです。にもかかわらず、土日に休みが欲しいなどという不届き者がいます。徹夜が当たり前の業界に入ってきて、徹夜は勘弁してほしいといわれても、やらなければならないときもあるのです。

これもやはり、採用の段階で見極めるしかなさそうです。土日でも電話をかける場合があるとか、納期に間に合わせるためには、休日返上もあるということを、代休の制度も含めて、面接の時点でその業種の特質をきちんと伝えるべきなのです。

一度雇用契約を結べば、実にさまざまな法律が企業と労働者にまとわりついてきます。面接では「何でもやります」といっていても、いざ採用して休日に電話をすれば「勘弁して欲しい」、挙句の果てに「逆ギレっすか?」といわれる始末。〈シュガー社員〉と対峙するとなぜか立場が逆転してしまうのです。

【私生活延長型シュガー社員】対処方法

勤め人という意識が低く、恋人と喧嘩しただけで不機嫌になったり、早退したりするのは月9ドラマの見過ぎでしょうか？　家にいるのと同じ環境を好み、仕事はそこそこでも、いただくものはしっかりいただくというちゃっかりタイプです。

当然、どのタイプの〈シュガー社員〉よりも権利意識は強く、時間外、有給休暇、休憩、賞与にいたるまで権利を主張します。経営者にしてみれば、きちんと仕事をして権利を主張するならいざ知らず、会社のいうことは聞かずに好き勝手やって、お金だけ要求するとは何事だと怒りをあらわにせずにはいられません。

しかし、〈シュガー社員〉には経営者の怒りなど気になりません。毎日会社に来ているし、いわれたことはやっているし、どこに落ち度があるんだよ？　と心の中ではつぶやいているはずです。だから会社には、法律で決められたことはきちんと守って欲しいと純粋に思っているのです。その温度差に企業の労務担当者は気づかなければなりません。

もちろん権利を主張するのが悪いことだといっているわけではありません。ただ、それなりの労働義務を果たしてから権利を主張すべきではないかというのが一般的な経営者の考え方ですから、ここが〈シュガー社員〉と相容れない部分なのです。

最近、会社を経営する知り合いのM氏から「労働基準監督署から呼び出された。一緒に行ってくれないか」といわれ、監督署に同行しました。

呼び出された理由というのが、二カ月前に退職したA子という社員から、時間外手当と有給休暇の買取の請求があったらしく、監督官の手元にはA子のタイムカードや給与明細のコピーがありました。話をする前にもうM氏の顔が怒りで紅潮しています。

監督官がいいます。

「A子さんから資料をもらいました。どう見ても時間外手当がついていないようですが、どのように勤怠管理をされていましたか」

こういう場合、経営者は次のいずれかの回答をすると思います。皆さんはどの回答が正当だと思いますか?

1　A子には採用するとき時間外手当は支払わないということを説明して同意の上で入社してもらった。それを今さら払えというのはおかしい。こちらでは払う義務はないと思っている。

2　A子には役職手当をつけており、その中に時間外手当も含まれている。

3　弊社は、従業員個人の裁量で残業をしているので、時間外手当という手当は存在しない。だから払う必要はない。

実は、どれも回答としては認められません。これは経営者の方が陥りやすい落とし穴なのです。会社では経営者である自分の決定したことが何でも通るので、労務に関することも法律よりも自分が決めたことが優先すると思ってしまいがちです。この考えを改めないかぎり、どこかで高い授業料を払うことになります。

1の、「本人が同意しているから時間外手当は払わない」という考えは一見正論のようですが、公のテーブルについたときには、一蹴されてしまいます。公のテーブルというのは、あっせんや、労働組合との交渉、労働基準監督署からの呼び出し、労働審判などの第三者が介入するような場合です。当事者間では「お互いにそれでいいよね」という合意があったとしても、法律が優先するということを忘れてはいけません。

法定労働時間（一日八時間、一週四〇時間）を超えた場合は、割増の時間外手当を支払うことになっています（労働基準法37条）。この法律があるかぎり「向こうはそれで納得している」と主張しても通らないのです。

2の、「役職手当には時間外も含まれている」という主張も認められません。就業規則の賃金規程には役職手当の定義があるはずです。おそらく役職手当には時間外手当を含むと書かれていることはないと思います。仮に書かれていたとしても、その割合が書かれていなければ、いくらが役職手当で、いくらが時間外手当なのかわかりません。そうなると根拠に乏

役職名	役職手当	固定時間外手当	合　　計
部　　長	30,000円	20,000円	50,000円
課　　長	20,000円	10,000円	30,000円

しく認められないのです。たとえばですが、上の表のように、固定時間外を支給しているからといって、時間外手当をまったく支払わなくていいということにはなりません。きちんと毎月時間の管理をして超えた部分は支払わなければならないのです。

これが基本給でも同じです。「基本給に時間外手当が含まれている」と主張しても雇用契約書や就業規則などに根拠がなければ認められないのです。

採用時に「基本給には時間外手当が含まれているから、ウチは残業しても手当は支払わないよ」といっても、その根拠がなければもう通用しないということです。

3の、「個人裁量のため時間外手当という手当が会社には存在しない」というのもまったく通用しません。会社で決めたことがすべて通ると考えているなら、それはとても危険な発想です。

最初に決めた給与以上の、余分な給与は払いたくないという経営者の方がたくさんいらっしゃいます。であれば、いかに時間外手当を支払わなくてよいのか、仕事の効率化を図る以外に方法はありません。サービス残業についても社員の方が気持ち良くやってくれていつもより賞与をふんぱつしたとしても〈シュガー社員〉が「時間外手当をもらっていない」と一言発してしまえば、いくら昨年より多めに賞与を支払い、その中に時間外手当が含まれているといったとしても、その多い部分がどのように計算されて、正しい時間外としての算出したものなのかどうかまで、形として（つまり文書として）残っていなければ認められないのです。

こうなるともう、会社としてはいつまでもなあなあで労務管理をするわけにはいきません。では、きっちり労務管理をしたとして、社員がダラダラ残業していれば、それも支払わなければならないのか？　と憤慨する経営者の方も多くいると思います。

タイムカードを押した時間のすべてを認めたら、中には会社に居残り、不正な時間外手当を請求してくる不届き者も出てきてしまいます。時間外は会社が認めた場合など申告制にしている企業が多いようですが、申告以外にもあまりにも所定労働時間外に会社にいるようであれば行政（労働基準監督署）の手が伸びてきます。

もはや経営者の方が外から自分の会社を見て、灯りのついている部屋を眺めながら「ウチの社員は良くやってくれている」と感心している時代は過ぎ去り、これからは必要のないときには会社に残るなと檄を飛ばす時代がやってきたのです。

社会保険労務士としてテクニカルな面でアドバイスさせていただくとしたら時間管理には「変形労働時間制」や、「みなし労働時間制」などがありますので、皆様のお近くの社会保険労務士をぜひご活用下さい。

何度もいいますが、〈シュガー社員〉に対する教育は非常に難しいと考えてください。

今までと同じ感覚でいては悩みが増すばかりです。採用したらよほどの教育テクニックと忍耐力がないかぎり、企業が不幸になります。法律は労働者を保護するという色が非常に濃いためそれを前面に押し出されたら企業はなす術がありません。〈シュガー社員〉はそれを心得ているのです。

【まとめ】

〈シュガー社員〉をカテゴリー別に五つのタイプに分けて、それぞれの対処法をご説明させていただきました。読むだけでなんだか疲れてしまい、未来に希望がなくなってきた、という読者の方がいらっしゃったら、すみません。

でもそれこそ、「ありえな〜い」ような存在が、ネズミ算式に増殖、いつの間にかあなたの会社に忍び込み、じわじわと会社を溶かしはじめているのを、無視することはもはやできません。

〈シュガー社員〉の基本は、「ワンルームキャパシティ型」か「私生活延長型」になります。そこに過保護な親がくっついていれば「〈ヘリ親〉依存型」、何度も転職を繰り返すようであれば「プリズンブレイク型」に分けられます。

いずれにせよ仕事をバリバリやるタイプではありません。でも自分では一生懸命やっているのだから、もっと評価せよという考え方が根底にあります。その「一生懸命」の考え方に、企業と〈シュガー社員〉の間には大きな隔たりがあり、それがしばしばトラブルを引き起こしているのです。

もともと「甘い」シュガー社員ですから、一生懸命といってもそれは、「朝、なかなか起きられなかったけど、頑張って起きて定時に会社に来た」「すっごく有給が取りたかったのに、我慢して会社に行った」というレベルなのです。

そして、私が一番困惑するタイプが「俺リスペクト型」です。

このタイプは、「自分はすごい人間なのだ」という過剰な自意識の持ち主ですから、話をしても噛み合いません。若いのにおかしな物差しを持っていて、私が「女性」というだけで、自分より下の人間だと見下してかかってくる20代の男性もいます。もちろん、学歴にもうるさく、自分より下の学歴であれば、それだけで無条件に自分の方が優れているという、ある意味古くさい判断基準の持ち主です。

この本を読んで「酷い、こんな社員がいるのか」と思うのと同時に「自分の会社にはこんな酷いのはいないから大丈夫だ」と安心される方もいらっしゃるかもしれません。

しかし、今たまたま、皆様の会社で働いている社員の方が大丈夫なだけであって、これから入社してくる社員がどういう人間なのかは、まったくわからないのです。

私のところへ相談にいらっしゃる企業は、今まであまり社員の出入りがなく、退職した社員の代わりに新たに採用した社員が、今までに対応したことのないタイプの社員でどう接していけばいいのか、今の人達は皆こうなのか、と困り果ててやってくるケースが一番多いのです。

なぜ、〈シュガー社員〉と会社の間にこれほどのトラブルが多発するのでしょうか。

1　インターネットによる知識の向上

今や企業でのパソコン保有率が93・5％、インターネット普及率は85・7％に達しています（2005年末時点、常用労働者5人以上の事業所、総務省「通信利用動向調査」）。

インターネットでは検索エンジンが様々な情報をもたらしてくれます。「時間外手当」と入力して検索しようものなら、何万件とヒットします。どのような場合に時間外手当を支払わなければならないのか、もし会社が時間外手当を払わない場合は、どのように行動すべきかなど詳しく書かれてあり、もう会社は社員に内緒の労務管理はできないのです。〈シュガー社員〉は本当によく調べています。

仕事を一生懸命やって評価されるよりも自分の権利に忠実なのです。

2　将来への不安感

今は、数年先がどうなるか見えない時代です。だからこそ、もらえるところから、もらえるものはしっかりいただこうという考えが頭をもたげてきます。そこに常識や、マナーやモラル、ましてや美学などは存在しません。自分だけが得をすればいいのです。

3　あっせん制度、労働審判制度の普及

労働トラブルが発生すると今までは労働者が泣き寝入りするケースが多かったのですが、最近は短時間で費用もそれほどかからず、労働問題に関する訴えを起こしやすくなってきま

した。あっせん制度や労働審判制度が普及してきたため、弁護士に高額な費用を支払って訴訟を起こさなくても、第三者が間に入って調整してくれる制度が普及してきているのです。

２００７年に起きた苫小牧の牛肉コロッケ偽装事件で、社長が、「世の中の考え方（食の安全）に対する変化の認識がなかった」といっていたのは記憶に新しいところです。これだけ労働者の意識が変化している中で旧態依然とした労務管理を行っていれば、どこかでかならず痛い目に合うでしょう。

〈シュガー社員〉に、常識や周りの空気との同調など、通用しません。上司の皆さんは、「私がもっと頑張れば、きっと部下も私の姿を見て頑張ってくれるはずだ」という考え方を、今すぐ捨てたほうがいいでしょう。

もし、採用したのが〈シュガー社員〉だったら企業は本気で社員教育と企業コンプライアンス（法令遵守）に取り組まなければなりません。

「今さらいってもなあ」「ウチの会社では規模が小さいからできないよ」と諦めてしまうところに大きな問題があります。ツケを先送りしてはいけないのです。

ところが、最近の企業の社員教育に対する意識は微妙に変化しているようです。ここに面白いデータがあります。

国民生活白書によると、企業の能力開発責任者に、従業員の能力開発は企業の責任で行うものか、従業員の責任で行うものかを尋ねたところ「企業の責任」「企業の責任であるに近い」との回答割合には２０００年度には75・６％と全体の四分の三を占めていましたが、２

004年度には66・8％に低下し、逆に「従業員個人の責任」「従業員個人の責任であるに近い」とする企業の割合は20・1％から30・7％に上昇しています。

これは〈シュガー社員〉側にしてみれば、忌々《ゆゆ》しき問題です。誰かが自分を教育してくれると思っていたのに、自分で責任持ちなさいとは、ヒールを履いて登山にでかけ、頂上から突き落とされるようなものです。

自己啓発は自分で行うというのが、自立した社会人の姿ですが、〈シュガー社員〉には誰かが何かをしてあげなければ前へは進んで行けないのです。

〈シュガー社員〉は甘くそして溶けやすい性質を持っています。溶けるとき、自分だけでは溶けません。会社も一緒にじわじわと溶かしていくのです。

能力開発の主体は「企業か個人か」

(1) これまで

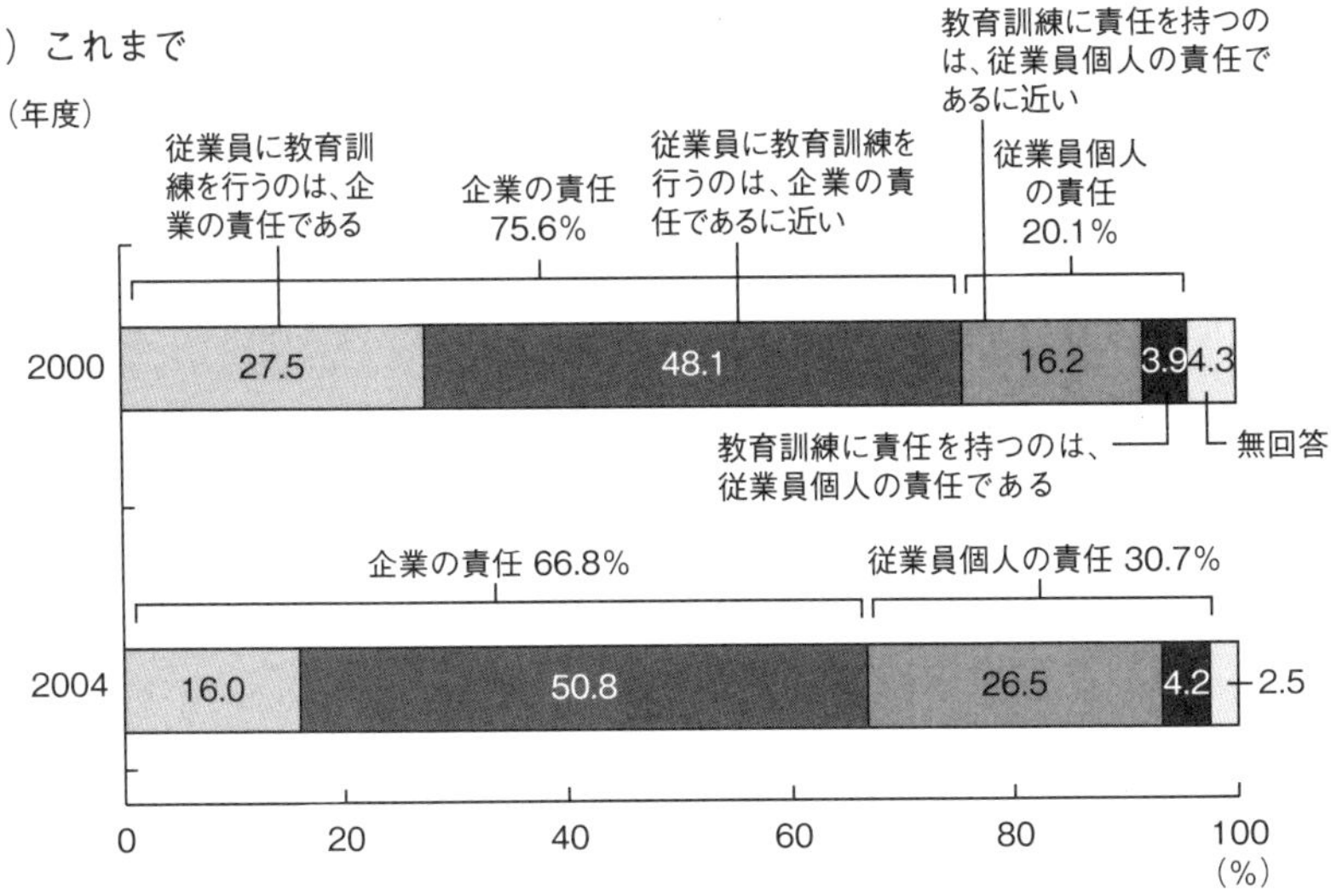

(年度)
従業員に教育訓練を行うのは、企業の責任である
企業の責任 75.6%
従業員に教育訓練を行うのは、企業の責任であるに近い
教育訓練に責任を持つのは、従業員個人の責任であるに近い
従業員個人の責任 20.1%
2000
27.5
48.1
16.2
3.9
4.3
教育訓練に責任を持つのは、従業員個人の責任である
無回答
企業の責任 66.8%
従業員個人の責任 30.7%
2004
16.0
50.8
26.5
4.2
2.5
0
20
40
60
80
100
(%)

(2) 今後

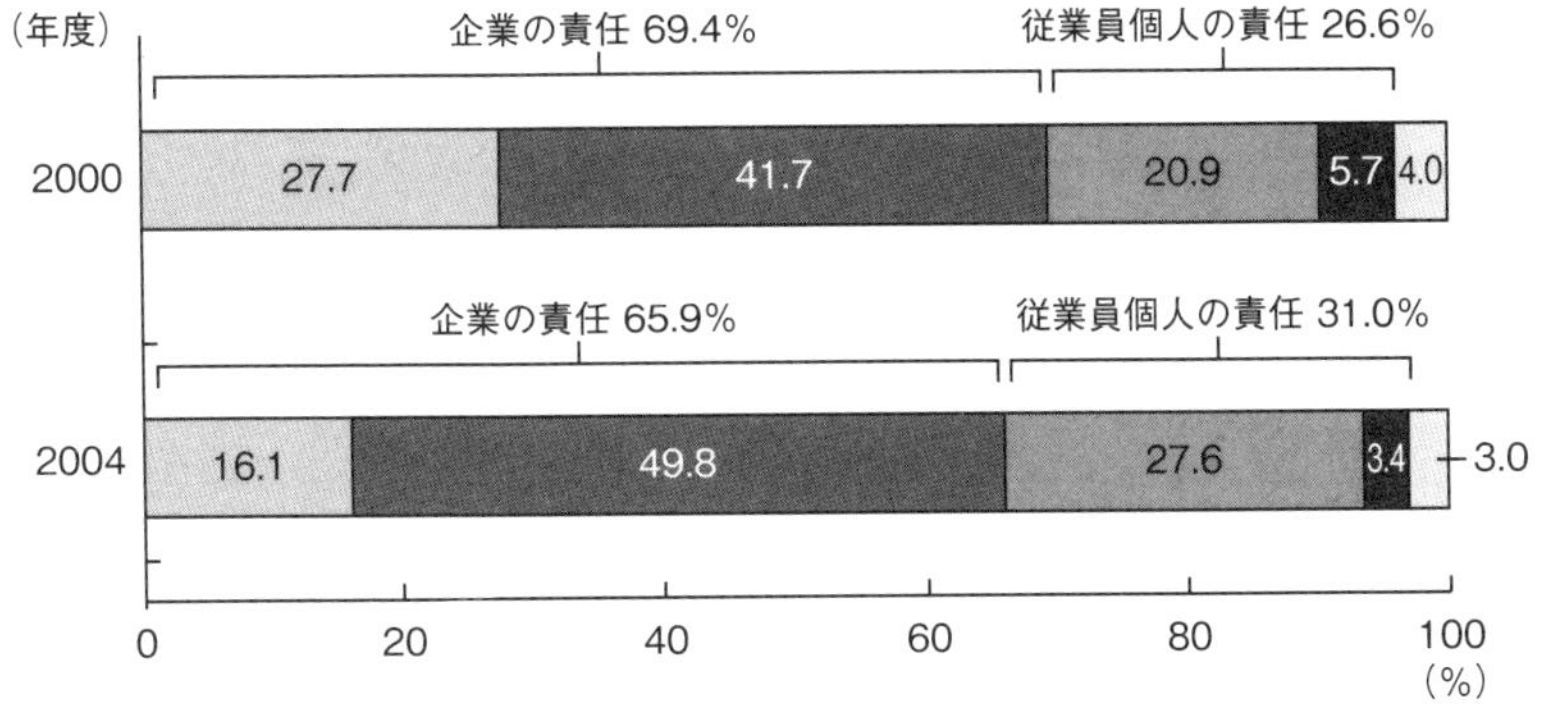

(年度)
企業の責任 69.4%
従業員個人の責任 26.6%
2000
27.7
41.7
20.9
5.7
4.0
企業の責任 65.9%
従業員個人の責任 31.0%
2004
16.1
49.8
27.6
3.4
3.0
0
20
40
60
80
100
(%)

【おまけ】

経営者がシュガー役員、採用された社員も〈シュガー社員〉となると、その会社の行方はどうなるのでしょうか。

石山寛は五年前にベンチャー企業を立ち上げ、合併、営業譲渡を繰り返し、今や従業員数二〇〇名ほどの企業に成長させました。会社の細胞分裂を繰り返しながら大きくなっていったので周りからは「モー娘。商法」といわれています。規模が大きくなると、どうしても事務部門がおろそかになります。ここは事務部門の強化を図りたいところですが、今いるスタッフは専門的知識がそれほど豊富ではありません。

企業を取り巻く法律に詳しく、文書管理もできる人間が、誰かいないものか――。そう考えていた矢先、高校時代の同級生、鈴木一夫から「たまには飲まないか」と数年ぶりに連絡が入りました。

寛は身構えます。しばらく会っていない友人からのこういう突然の電話は、大体、「金」か「就職」の相談なのです。久々に会った一夫の人懐っこさは、相変わらずでした。一夫は他愛ない会話の中に、「俺達ってホントに仲が良かったよなあ」とサブリミナル的な言葉を交え、ひとしきり思い出話に花を咲かせた後、いよいよ「実は」と話を切り出してきました。

「勤めていた会社が、不渡りを出して倒産してしまったんだ。45歳ともなると就職先がほとんどない。寛の会社で、運転手でもいいから使ってくれないだろうか」

寛と一夫は高校時代、共に野球部で汗を流した仲間です。お人良しの一夫は先輩からユニフォームの洗濯や道具の手入れを押し付けられても嫌な顔一つせず、黙々と作業をするタイプでした。

寛と一夫の大学は別でした。頭のいい一夫は法学部へ入学し将来は弁護士にでもなるのかと思っていたのですが、今ここにいるのは意気揚々としていた学生時代の一夫ではありませんでした。気の毒には思うのですが寛の会社経営の中枢を担っているのは皆30代前半。ここに一夫が入ることをイメージしただけで、今までのバランスが崩れるような気がします。かといって無碍《むげ》にも断れない。寛は一夫に訊ねます。

「どんなことなら、胸を張って仕事ができるんだ?」

すると、意外にも、「ワード、エクセルは上級者資格を持っている。ビジネス実務法務も1級まであるからビジネス文書は得意だ。他には、衛生管理者と確定拠出年金アドバイザーも持っている。ただ小さい資格ばかりだから中小企業診断士も取れればいいかとは思っているけどね」

学生時代から勉強熱心だった一夫でした。今持っているキャリアがあれば、充分検討の余地はあるでしょう。しかし、採用に関しては寛に権限がありません。大勢の出資者で成り立っている企業なので、新規採用はほとんどが株主の縁故なのです。

でも一夫のキャリアは捨てがたいものがあります。寛はひらめきました。外注だったら自分の権限で決められる。いつしか酒の酔いも手伝ってきました。

「一夫、俺が出資するから、事務代行の会社を作ればいいよ。社長には君がなれ。仕事は俺の会社から回す。だから売り上げは心配するな」

その後、話はトントン拍子に進み、会社名は「事務代行社」としました。あえて横文字は使用せず古臭いネーミングですが、横文字の社名で、一体何をやっているのか説明しなければわからないような会社よりは明確でいいと思ったのです。

一夫が社長ですが、経営は初めてなので寛に何でも相談をします。寛の会社は大きくはなりましたが、急成長をしたために、何をしようにも株主の顔色を伺いながら事を進めなければならないため、正直窮屈になっていました。

小さい会社は風通しがいい。寛は一夫がうらやましくなりました。

さっそく寛の会社の事務部門の一部を事務代行社にアウトソーシングします。まずは近々開かれる株主総会の案内を依頼することにしました。一夫だけではこなしきれないので、一夫は事務員を採用するため募集広告をかけました。

最初に面接に来たのは、小森真知子という30歳の女性でした。すでに四社ほど転職歴がありますが、いずれもキャリアアップのためと履歴書には書かれていました。資格欄にも、ワインアドバイザー、カラーセラピスト、野菜ソムリエといったものまで並んでいました。好奇心が旺盛でいいな、と一夫は受け取りました。

職務経歴書がワードではなくエクセルで作られています。「これはエクセルで作ったの？」と訊くと、「エクセルの方が慣れているので」と真知子が答えます。文書をワードで作成せず、エクセルに慣れているという言葉の裏には「ワードが使えない」という意味が込められているのですが、ここからが〈シュガー社員〉ならぬシュガー経営者の手腕の発揮（？）のしどころです。エクセルができるならワードだってすぐにできるようになるだろうと単純に考えてしまったのです。

「いろいろ経験があっていいね。明日からさっそく仕事に来てください」

事務代行社なのに、ワードが使えなくて大丈夫？　そんな事は思いもしませんでした。

さて、寛の会社からの初依頼の仕事は、近々開催される株主総会の案内状の発送です。会社から株主のリストをもらい案内状を作成し、封筒に宛先を印字します。

住所は真知子がほとんど入力しました。その案内状を発送してから三日後、さっそく寛の会社からクレームが入ります。宛先相違で一〇通以上戻ってきてしまったのです。

「申し訳ありませんでした」。ただ頭を下げるしかありません。真知子は自分がミスをしたにもかかわらず知らん顔をしています。二人だけの会社なので険悪な雰囲気にしたくありません。「今度から気をつけような」といい、次の仕事に取りかかります。

今度は新商品の案内状を作成して発送する作業です。案内状は真知子が作成したのですが何度かやり直しをしているうちに、どれが正しい案内状かわからなくなってしまいました。担当者に聞こうにも、前のミスの直後のことだったので、だらしない会社と思われたくはありません。結局、きちんと確認せず見切り発車で案内状を発送してしまいました。

当然のことながら、再びクレームが入ります。

「これは前にボツになった原稿のはず。それをどうして確認もせず、発送するのか。これならウチの会社でやったほうがずっとマシです」

担当者が吐き捨てるようにいいました。真知子は都合が悪くなると、貝のように口を閉ざします。このことはもう寛の耳に届いているのだろうか……一夫は不安で足が震えました。

「社長には私のほうからお詫びいたします」

一夫がそういうと、

「こうゆう瑣末《さまつ》なことは、社長の耳には入りません。現場で対応することになっています」

という返事。瑣末なこと、といわれてむっとはしますが、間違いを犯した一夫は相手に何かをいえる立場ではありません。ただひたすら小さくなるしかありません。

事務代行社は、そのわかりやすいネーミングのおかげで、他社からも問い合わせの電話が来るようになりました。しかし、お客が続きません。中にはムッとしたままお金を投げるように置いて店を出て行く客もいます。一夫にはどうしてなのか理解できませんでした。

そんなある日、寛の会社の担当者から「急ぎで案内状を作成して欲しい」と連絡が入りました。ただ一夫はその日新しいお客の開拓で、営業に出かけることになっていたのです。真知子に書類作成を依頼した後、会社を飛び出し、戻ったのは夕方でした。

会社に戻ると寛の会社の担当者がおり、真知子に文句を浴びせています。依頼された案内文書は地図やイラストを載せるというものだったのですが、真知子はワードがあまり操作できず、イラストや図を貼り付ける編集作業で失敗し、かなりバランスの悪い案内書になってしまったのです。

「事務代行社というくらいですから、当然事務職のプロがやっているんですよね！」

またもやそう吐き捨てるようにいって、担当者は帰ってしまいました。次の日、寛がやってきました。「ちょっと仕事内容を確認させて欲しい」と、今までの受注ファイルを見た後で大きな溜息を漏らしました。

「半年間、この会社に仕事を回してきたけど、現場からのクレームが多くて、もう俺としてもこのまま事務代行社を使い続けろと社員にはいえない。事務代行社は事務のプロフェッショナルのはずだが、依頼した文書はきれいに編集作業がされていなくて見栄えが悪く、フォントもバラバラ。宛名も必ず間違えて必ず何通か戻ってくる。同じ間違いを何度も繰り返し、注意をしても一向に改善されない。いくらプロフェッショナルな資格を持っていても、それが仕事にまったく生きていない。素人同然だよ。申し訳ないが、最初は半年の契約で、お互いに条件が合えば延長するという話だったが、契約は延長できそうにない」

そういわれて驚いた一夫は寛に泣きつきます。

「そんなあ、今さら見捨てないでよぅ。俺は俺で一生懸命やったんだからさ」

それでも顔色を変えない寛に、今度は食ってかかります。

「今さら見捨てるなんていわせないぞ。きちんと俺の面倒を見てもらうからな」

「なんで？　君は俺の家族でも、愛人でもない」

「勝手に俺を社長にして見捨てるとは何事だ。きちんと俺の世話をしろ」

ここで、煮えたぎっていた寛の怒りが爆発しました。

「いつまで人に甘えれば気が済むんだ？　俺の会社以外、クライアントを開拓できなかったのはこの会社に問題があるからだ。まったく仕事のできない事務員に仕事をさせて、クレームばかりだろ？　だからといって解雇するわけでも教育するわけでもなく、クレームを放っておいて改善しようともしなかった。当然だ」

経営の方法をいわれると一夫は返す言葉ありません。あまりにもその通りだからです。一夫が涙ながらに、「でも、ここを閉めるにも金がいる。それくらいは用意してくれるだろう？」と哀願してきます。

寛は了解しました。自分に見る目がなかったのです。高い授業料として事務所の半月分の家賃と真知子の一カ月分の給与を保障すると約束しました。

一夫は翌日、真知子に解雇を告げました。真知子の目のふちがみるみる赤くなります。泣いているのではなく怒りです。

「会社がなくなるってどういうことですかっ」

事務所では我が物顔でふるまっていた真知子は、この環境を非常に気に入っていました。

一夫がおろおろしながらいいます。

「一番の大口からの仕事がなくなったので、もう続けられないんだ。すまない」

「すまないだけは納得できません。せめて半年間は生活を保障してください。そうしないと、出るところに出ます。あなたを訴えてやる」

これには一夫も驚きました。

真知子を採用したのは自分ですが真知子にも問題はありました。エクセルは操作できますが、「ワードは頭が良すぎて」といってほとんど触ろうともしません。エクセルで作った文書は不評で必ずやり直しさせられます。かといって真知子はワードを覚えようとするでもなく、全部一夫に仕事を戻してきます。事務代行社は電話転送サービスもやっていたのですが、電話に出る際に、複数ある会社名を間違えて出てしまうこともしばしばありました。間違い電話だと思って相手が電話を切ってしまい、当然クレームが付きます。しかし、一夫はどんなクレームが入っても改善せず、寛の会社がバックにいることにあぐらをかいていたのです。「私は一生懸命やっていたんですからね。社長がしっかりしないからこうなったんだからきちんと保障してください」

でも、社長がしっかりしていたら真知子はもっと早くクビになっていたと思いますが。

あとがき

２００７年の3月に産経新聞の記者の方から私の事務所に電話がありました。

インターネットでビジネスマナーを検索したところ、私の事務所にたどりついたようで「過保護な親に育てられた社員が職場でどのような行動をしているのか取材させて欲しい」という依頼でした。

確かに昨今、労働問題で親御さんが出てくるケースが多く、企業の担当者同様、私も手を焼いていたので二つ返事で承諾しました。

甘ったれていて職業人としての意識が低い若手社員が増えたなあと感じていた一年前より、私の心の中でこっそり名付けていた「シュガー社員」という言葉を声に出し、何種類かの事例をお話したところ、記者の方は「そんなにひどいんですか?」と絶句されたのです。それと同時に、「シュガー社員というネーミングは、わかりやすくていいですね」と感心もされ、3月14日の産経新聞朝刊に、『溶けゆく日本人。シュガー社員、ツケを払うのは会社』との記事が掲載されました。

実は、産経新聞は北海道では販売されていないため、私はいつ新聞に掲載されるのか知りませんでした。ところが、そのホワイトデーの朝から私のホームページのアクセス数がぐんぐんと上がり不思議に思っていたところ、友人からは「新聞の取材を受けたの？　あなたの名前とシュガー社員という言葉がインターネットに出ているよ」との電話が入ったのです。

それとともに、私の事務所のメールには全国の企業から「マナー講座ＤＶＤ」の申込みが殺到するわ、ラジオやテレビの出演依頼が舞い込むわ、掲載から3日間ほどは対応に追われる日が続きました。全国紙の威力を見せ付けられた格好でしたが、それも落ち着き始めた頃に一本のメールが入りました。

それが、ブックマン社編集長の小宮亜里さんからでした。それはなんとも甘美な「シュガー社員について執筆してみませんか」というお誘いでした。

とはいえ、「書くことが好き」というのと、それが単行本となって世に出るのは別の話。正直言って書籍の執筆は初めてで、どのように書いていいのか見当がつきませんでしたが、小宮編集長と構成を一緒に考え、シュガー社員をカテゴリー別に分けてみました。今までは「仕事ができないのに勘違い」「ヘリ親べったり」「すぐに転職」「私生活の区別がつかない」と漠然と分けていましたが、それぞれをきちんとしたカテゴリーに分け、タイプ別にネーミングすることによって、とてもスムーズに書き始めることができました。

途中、何度か頭の中が混乱してしまったとき、編集長からヒントをいただきそこからまた滝のようにどどーっと文章が湧き上がり、さすが出版のプロは違うと感心させられました。私の「書く」というツボを見事に刺激するわけです。そうやって、私や企業を悩ませ続けているシュガー社員が本として世に出ることとなりました。

私は社会保険労務士として11年間、札幌市で様々な企業の労務管理に携わって参りました。21世紀をまたいで、伸びる企業、衰退する企業を目の当たりにしてきた一人でもあります。

これだけは間違いないと言えるのが、企業は「人」が生命線であるということです。社員を成長させられない企業が、果たして経営者や取引先の力だけで成長できるのでしょうか。私が最後に「おまけ」として書いたシュガー役員とシュガー社員の行く末が、そのすべてを物語っています。

企業は、大口顧客にあぐらをかき、社員教育をおろそかにすればいずれは衰退し、シュガー社員は自己研鑽を怠れば自分の職場がなくなってしまうのです。意欲の低さが自分をマイナスへ導いていることにそろそろ気づく頃です。

この本を読んで「自分はシュガー社員だ」と思う方はまだ大丈夫です。真性シュガー社員は多分気がつかないでしょう。

最後になりましたが取材に応じて下さった顧問先の皆様、ありがとうございました。北海道までわざわざご足労いただき、本を書く機会を与えてくださった小宮編集長、本当にお世話になりました。心より感謝申し上げます。

２００７年　秋

田北百樹子

シュガー社員が会社を溶かす
2007年11月 6 日　初版第一刷発行
2008年 1 月25日　初版第五刷発行
著者○田北百樹子（YUKIKO TAKITA）

ブックデザイン○渡邊正
カバーフォト○JOHN LEE
イラストマンガ○河南好美
キャラクターデザイン○コミナミアキラ

編集○小宮亜里
編集補助○藤本淳子

発行者　木谷仁哉
発行所　株式会社ブックマン社
〒101-0065　千代田区西神田 3-3-5
TEL 03-3237-7777　FAX 03-5226-9599
http://www.bookman.co.jp

ISBN 978-4-89308-671-6
印刷・製本：図書印刷株式会社